栗山筆記 2

邁向世界第一的人生智慧

栗山英樹

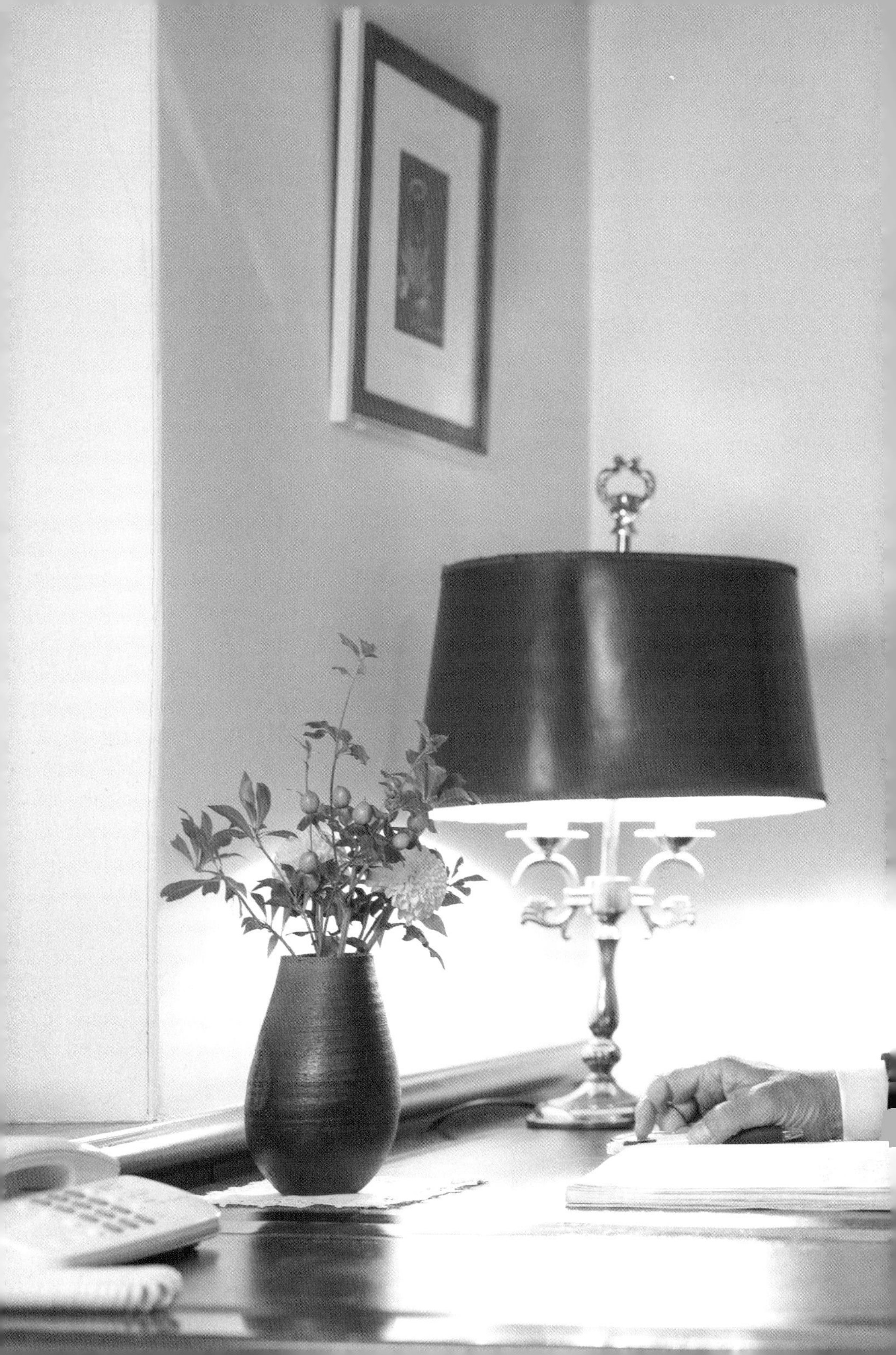

SAMURAI
JAPAN

栗山筆記2

邁向世界第一的人生智慧

栗山英樹
科科任 譯

HIDEKI KURIYAMA

栗山ノート2　世界一への軌跡

將受到棒球之神眷顧的選手們
攀上世界第一的軌跡
懷著感謝之情
在此呈現

野球の神様に愛
された選手達の
世界一への軌跡
感謝を込めて
お届けします。

栗山英樹

前言

在決定就任日本武士隊總教練的那一天。

將胸前刻著「JAPAN」文字的球衣，首次披在身上的那一天。

煩惱著如何挑選世界棒球經典賽（WBC）選手名單。

總算迎來宮崎集訓的前一夜。

戰勝了中國，邁向稱霸世界的第一步。

在第一輪小組賽四戰全勝告終。

打敗義大利隊，在前往美國的班機上。

從針對某位選手的調度安排，聽取團隊的意見。

前言

與墨西哥的準決賽，全員奮戰度過難關後。

經歷人生最棒的一次香檳浴結束，回歸獨自一人的那一刻——

我與筆記面對面。

因為每天都會打開筆記，我自然而然地，在一日結束之際拿起了筆。

在北海道自宅「栗之樹農場」感受四季變換。

親眼目睹新冠肺炎疫情的擴大。

心繫著天災災區和受災者們。

被稱作風花的細雪，在東京漫天飛舞的夜裡。

在與久未見面的好友交流，感到溫馨的夜裡。

記憶裡頭，我在當北海道日本火腿隊總教練時，往往會回顧當天的比賽。

以職棒球員而言，現役時期的我表現乏善可陳，也並非在當總教練之前，就曾擔任過教練。從未有過指導者經驗的我，可是一點都不能夠浪費每天的賽事。

整理好比賽內容與自己的調度，準備明天之後的比賽，讓下次能夠做出更精準的判斷。這還不夠，還必須更加明快地下決定，讓選手們綻放更多光彩。

為了選手、為了球隊，我這個總教練到底能做些什麼？到底有什麼事情非做不可？我過著每天都捫心自問、探索自我職責的日子，學習著棒球、學習著人生。除了閱讀在政治與經濟方面成功者的著作，我也參考了歷史書、古今中外的典籍。

在這些先人和偉人留下的話語和訓誡中，有著放諸四海皆準的價值觀。儘管是幾千年前寫下的思想，卻能對活在二十一世紀的我，掀起心中巨大的波瀾。

不管是身而為人，還是作為職棒總教練，它們都有太多值得參考的地方了。我不斷寫下的棒球筆記，就在不知不覺間，編織成了一本談論人生的筆記了。

二〇二一年十二月二日，我就任日本棒球代表隊總教練。這支被稱作「日本武士」的隊伍，目標擺在二〇二三年舉行的WBC。日本武士在二〇〇六年的首屆大會中拿下冠軍，二〇〇九年第二屆賽會也達成連霸。然而，二〇一三和二〇一七年都只以第三名作收。我所背負最重要且唯一的責任，就是在睽違三屆大會後，重返世界第一的榮耀。

二〇二二年一月起的棒球筆記裡，幾乎都沒談到比賽的事。距離WBC開賽還有一年以上，強化試合也得等到二〇二二年十一月前才會組隊。

儘管如此，筆記還是像往常一樣，一頁一頁累積著。

中國典籍《四書五經》的〈大學．傳二章〉裡，記載著「湯之盤銘曰：苟日新，日日新，又日新」。據說古代中國的商湯王，在洗臉盆上刻了這段文字，每當洗臉的時候，就會以此自問。

雖說身為日本武士隊總教練真正的挑戰還早，但如果每天渾渾噩噩地過，就不會有所成長。心中保持「無時無刻做好準備」，預想今後將可能面對什麼樣的課題和難關，保持緊張感度日。為了讓自己今天比昨天、明天又比今天更加成長，注視著自己的行動，寫下筆記，就能發現到許多東西。

還不夠好的自己、還不夠成熟的自己、還不夠堅定的自己，在認識到這些自我沒有察覺到的自己時，為了能夠警惕，我從各類書籍中找尋話語，寫成筆記。有些話重複寫了好幾次。儘管面對自己的不成熟相當痛苦，但藉由這個過程和重複書寫，也讓那些話語涵義與身心融合，給自己當頭棒喝。

過去在我的履歷書裡，沒有什麼特別值得稱道的事情，現在則加入了WBC冠軍這項輝煌的經歷。圓滿達成重大任務，讓我內心的巨石終於放下。然而，實際在拼戰的是那些選手們。我腦海中浮現《四書五經》裡孟子曾說過的：「聲聞過情，君子恥之。」我感覺到大家對於「栗山英樹」這個人的評價，顯得言過其實了。

即使冠上WBC冠軍總教練這項頭銜，我本人可是一丁點都沒改變，依然每天努力學習著。

這本書是二〇一九年出版的《栗山筆記》續作。稱不上立下什麼豐功偉業的我，又再次寫了新書。我因為自己不知天高地厚而渾身顫抖著。

然而，或許我寫下的這些話語，除了我之外，還能帶給他人一些參考——就在

WBC結束後不久，有人對我這麼說了類似的話。有位日本電視圈的大人物，也是人生的大前輩，告訴我：「讀了栗山筆記後，就不用費心鑽研古典了。」

日本武士隊在WBC奪冠這件事，想來有著許多意義。我瞭解到，這之中包含著「將現有學到的東西傳遞下去」。曾經鼓勵我、帶給我勇氣，支撐著我、讓我起身奮鬥的這些話，再一次向後世傳唱，這就是被任命為日本武士隊總教練的我，所擔負的使命。

有些話語是在前本書也曾提及的。

有些書我經常不斷翻閱。像是中國古代的典籍《易經》，以及澀澤榮一先生留下的《論語與算盤》等等，我已經數不清讀了幾遍，連第幾頁寫了什麼都能記得。即使如此，每次在重讀的時候，還是會畫重點、貼標籤。每次重讀，都領悟的新的事物，點頭叫好：「啊啊，果然是這麼一回事啊。」

我感覺到一句話裡帶有的含意，往往不只有一種而已。當然，它們都有最普遍的解釋，但隨著當下心境的不同，也會帶來不同的迴響。被再次選中的這些話裡，或許不只是我，也能成為各位的箴言。

日本武士隊總教練這份工作，在這個世界上只有一個人能夠擔當。不過，扛下這份職務的我，並非什麼特別的人。我和大家腳踩同一片大地，在朋友與伙伴的支持下度日，也曾為工作和人際關係煩惱著。

我相信，這些滋潤我的日常，或讓我內心平靜的話語，能夠觸動大家的心。

目錄

第二章　自修

第三章　一道

第四章 WBC第一輪 貫徹

第六章

決戰邁阿密　磨練

結語

第一章

敬重

向一路發展棒球的偉大先人們，
表達內心的敬意。
向栽培栗山英樹這個人的棒球，
表達無上的敬意。
向為了日本武士隊聚集而來的選手與工作人員們，
表達最大限度的敬意。
向在根基幫助日本棒球的你，
表達雙手滿滿的敬意。
無時無刻從未忘記恭敬之心，
接下了日本武士隊總教練。

不知命，無以為君子也

二〇一一年十一月，我當上了北海道日本火腿鬥士隊的總教練。雖然我曾以選手身分在養樂多燕子隊效力，但現役時期為一九八四至一九九〇年。後來擔任運動媒體人、球評，以「傳遞訊息」的角色替棒球貢獻。總教練的工作是什麼，可說一點頭緒也沒有，就這麼盡力去做，一路做到了二〇二一年。

這十年間光陰似箭，在旁人的眼裡，或許會覺得「做了好長一段時間」，但我自己的體感，卻只像過了大概三年而已。如同「在石頭上坐三年*」一般的心境，我在擔任總教練第五年的二〇一六年，達成日本一的榮耀。

然而，從隔年二〇一七年開始，就越來越贏不了球。二〇一七年第五名、二〇

* 日本諺語，一塊石頭坐著三年也會變暖和，指就算辛苦，只要堅持下去就能成功。

一八年第三名，二〇一九到二〇二一連三年都以第五名作收。

在就任首年的二〇一二年，球隊稱霸了太平洋聯盟。當時還是新人監督的我，有太多不懂的事情。內心裡「全靠選手們打下勝利」般的抱歉感、焦慮感揮之不去。

由於持續無法打入前三名挺進季後賽，二〇二一年我離開了球隊。雖然在接任當初，就抱持著「今年是最後了」的覺悟，但是沒能達成「在打造出能贏球的隊伍下離去」的心願，只能落寞、懊悔地咬牙切齒。

二〇二一年十月二十六日的主場最終戰前一天，有位球界人士聯絡我說：「我想跟你見面談談。」幾天後，在作客千葉羅德海洋隊比賽的前一天，我與那位聯絡者在羽田機場碰頭。

就在簡短地寒暄問暖後，他說出令我大吃一驚的話。

「你願不願意擔任下次的日本武士隊總教練？」

不誇張，我直接從椅子上跌了下來。

過往的ＷＢＣ總教練，第一屆是王貞治先生、第二屆是原辰德先生、第三屆是山本浩二先生、第四屆是小久保裕紀先生。他們全都是在日本棒球界中，留下顯赫足跡的偉大人物。

我心中只有一個想法：我不足以和這些人平起平坐。我像是脊反射般瞬間回答：

「我能拒絕嗎？」

在擔任日本火腿隊總教練以前，我長期從事運動媒體人的工作。我曾以此身分採訪過奧運棒球及ＷＢＣ，訪問代表總教練。因為要率領實至名歸、頂尖中的頂尖選手們，所以必須由在選手時期、教練時期都有充分實績的人，才能夠駕馭整支球隊，接下這份重擔。

那個人跟我說：「希望你能花點時間考慮看看。如果真的拒絕，也請別對外張揚。」因為這種話平常也不會隨口講，我回應道：「當然會注意這點。」那天就這麼告辭了。

擔任日本火腿隊的總教練，曾經歷過不管怎麼做，球隊都無法走出低潮的時候。一支球隊有著短期能改變的東西，也有需要時間醞釀的事情，自己得想辦法去區別清楚。

感受到總教練有多難當這件事，對我而言確實是相當貴重的經驗。然而，這無法構成接下代表隊總教練的理由。在我的腦海裡，適任者在日本棒球界中多的是。

果然還是拒絕比較好吧，就在差不多要下定決心時，有句話觸動了我的內心。

「這和辦得到、辦不到沒關係，重點是要不要做。」

這是我自身的一大行動守則，我也常常向日本火腿隊的選手及工作人員分享這句話。

我自認不足以擔任日本武士隊總教練，內心某處主張「我辦不到啦」。但這是不行的。棒球培育了現在的我，現在是可以盡己所能報答它，報答日本棒球界的大好機會。想法於是逐漸向「怎麼可能拒絕得了」傾斜，腦袋中浮現了「盡己」這兩個字。

據說幕末時期的儒學家，同時是陽明學者的備中松山藩士山田方谷，曾將「不管發生什麼事情，都必須盡力面對眼前的事物，將自己能做的做到最好」化為「盡己」這個詞，送給他的知己。

站在日本武士隊的角度，或許我當總教練是力有未逮。但是，WBC這個未知的舞台，可是耀眼無比。

至今為止從未見過的風景，究竟會是如何呢？我想親眼見證、實際碰觸。比起一位棒球人，反而是身為一位人類的本能慾求被勾起了，讓我下定決心。強調要捨棄私利、私慾和私心，應該順從天命而生的《論語》裡，所說的「不知命，無以為君子也」這段教誨也觸動了我。

能夠與在大聯盟活躍的現役選手們，賭上世界第一之名認真較勁。

那只能拼了吧！鬥爭心不斷地湧上心頭。

深沉厚重，是第一等資質；磊落豪雄，是第二等資質；聰明才辯，是第三等資質

二〇二一年十二月二日，我出席了日本武士隊的總教練就任記者會。這是個闡述自我理念的好時機，於是我說了：「我總是被前輩們告誡：如何將前輩們打造的棒球環境，傳承給下一個世代。因此心中必須懷抱著這股信念前進。」

在接任總教練的同時，腦中最先浮現的，是對前輩們的感謝之情。偉大的前輩們建構起日本的野球論與環境。帶著這份信念與前輩們並肩奮戰，正定義了日本武士隊的基本精神。

不只是棒球總教練，只要在一個組織內當上領導，一定會想要展現出自己的作

風。不過，在全力迎向任務之前，先想想自己的使命從何而來，細細咀嚼前人的功績，具有非常大的意義。並非「讓我發揮所長帶領球隊獲勝」，而是想著有全日本前輩們的幫助做後盾來奮鬥。

因此，我意識到了中國明代思想家呂新吾的著作《呻吟語》中，記載著人物分成三等級的事。

首先是「對事情審慎考慮，能夠穩重行事」，也就是「深沉厚重」之必要性。我要求自己，比賽中在板凳上要沉穩，即使遇上困難也得保持冷靜。

此外，也要重視「不要拘泥小節，不要太在乎形式」。這就是「磊落豪雄」。我在心中記著，要放開度量去接納選手和工作人員。

最後是「聰明才辯」。「敏銳地思考展現口才」絕非壞事。以獨創的發想，和多采多姿的點子建構球隊，會非常具有魅力。不過我認為，這些順序可不能搞混了，要警惕自己別沉迷在耍伎倆之中。

我感覺到日本的棒球正在迎來過渡期。我聽說越來越多的孩子不打棒球，改去踢足球了。

棒球想要傳接球，就必須準備球和手套。如果要打擊還得有球棒。而如果沒有確保場地夠寬廣，也沒辦法全力投球、打擊和跑動。

比起只要一顆球就能踢得開心的足球，棒球或許很難輕鬆玩得起來。

如果是我自己，不只是棒球或足球，而是各種運動擺在眼前，讓我可以選擇比較喜歡哪個的話，會怎麼樣呢？想到這裡，為了讓更多孩子能夠更親近棒球，日本武士隊可不能輸。所以很容易能想像得到的就是：我們的基本要求，是在WBC中踏上棒球發源國的美國土地，並打敗美國隊。

站在面對世界的角度，以出眾的投手戰力應戰，是日本棒球的風格。比起追求重視機動力和短打等等的「小球戰術」，更應該做好不管發生什麼狀況，都能夠以臨機應變的戰術迎向對手。

此外，還要組成能讓替日本武士隊加油的各位球迷，都能夠感到興奮且期待的隊伍。大聯盟選手能不能參與這次賽會，沒等到賽會前夕都無法判斷。即使如此，我意識到組成能實現先人們「追上美國、超越它」期許的隊伍，是總教練的重大使命。

這時WBC的詳細日程還沒有決定，不過已知準決賽以降的賽事會在美國進行。既然是在大聯盟的球場比賽，我認為必須召集大聯盟的選手。

在昭和職棒界被譽為是「魔術師」及「智將」的三原脩總教練，留下了許多啟示。曾經講出「棒球是沒有腳本的戲劇」名言的三原先生，曾說「在棒球這個運動爭勝負，就必須要保持理性」，並指出「為了贏球的隊伍，指揮時不得不捨棄人情」。而這正是勝利的原則。

在必要的事情上面，絕對讓步不得。

比起懷疑可能性有多少，不如先挺身面對——我一邊這麼想著，一邊開始籌劃召集大聯盟選手們。

自處超然、處人藹然、有事斬然、無事澄然、得意淡然、失意泰然

當上了日本武士隊總教練，那該怎麼做才好呢——尋求這個答案的日子開始了。

組成一支能贏的球隊，只是基本要求。但我自己又該怎麼辦？這可不能不好好確定。我翻閱各個舊筆記，目光留在了古代中國學者崔銑（崔後渠）留下的《六然訓》。

「自處超然」指的是不執著於任何事，保持平常心，不被自己的問題纏住。由於只要事情和自己有關，就會產生直接性的利弊，因此要保持超然並不容易。

中國三國時代政治家兼軍師的諸葛孔明，曾說：「吾心如秤，不能為人作輕

重。」「自己的心境如秤一般公平，摒除私交，不偏袒任何一方」或許正可說是「自處超然」。

「處人藹然」指待人接物，表情和態度都有如春風般和善而穩重。

「有事斬然」指要是事情發生了就別拖延，乾淨俐落地處理掉。「斬」這個字除了「斬除」以外，還包含了「換新」的意思，意指打破陋習。

將事情了結後，就進入了「無事澄然」的境界。沒問題時，心靈也會像水一般澄清。去除雜念，倘佯在清靜之中。

不只是沒了問題，且事情也順利進展，就必須「得意淡然」*。「澹」字與「淡」相通，告訴我們應該默默努力，保持灑脫和謙虛的態度。在過得順的時候，容易會產生傲慢心態，要極力避免變成那樣。

即使保持「得意淡然」，難免還是會有輸球的時候。各位社會人士，在碰到敗

* 日文原文寫作「得意澹然」。

給競爭對手公司的時候，會採取什麼立場呢？

那時需要的正是「失意泰然」。《六然訓》告訴我們，即使強忍著也無妨，慢慢冷靜下來重整架勢。

對我而言，獨一無二、得全力一搏的WBC舞台，是三週內得打完七場比賽的短期決戰。短期決戰常被說性質不太一樣，我曾體驗過季後高潮賽和日本一系列戰，實際感受到了「原來如此，這的確是不同的戰鬥」。

差別最多的是淘汰賽。至今為止，我還沒有在職棒的世界中，遇過輸一場就結束的生死決戰。

高中棒球及社會人棒球的指導者，對淘汰賽這樣的賽制比較有經驗。於是，我向長年帶領橫濱高中的小倉清一郎先生請教。

從帶日本火腿十年來的經驗，我認知到絕對不能夠拘泥在某些事情上。我想起將「UNIQLO」成功推向世界品牌的柳井正先生曾說：

「在前一份工作的成功經驗，到了下一份工作就完全派不上用場。這點一般是不會明白的。」

流行的腳步衝得很快，感受在一瞬間就會變貌。在時尚業界裡，同樣的作法恐怕不容易都能成功。

進一步說，即使在某個時候創下功績，但只要自己沒有跟著進化，就會被時代拋下。

如果碰上能發揮過往經驗的時候，那當然是最理想的。然而，肯定也有得深思該怎麼做才適合WBC的時候。我下定決心，必須展現和日本火腿總教練這十年間截然不同的風格。

小善如大惡，大善似無情

那麼，所謂與至今為止的栗山英樹不一樣，又是什麼呢？

在沉思的過程中，創立京瓷集團，重建日本航空的稻盛和夫先生，曾說的「小善如大惡，大善似無情」這段話在腦海裡浮現。

稻盛先生認為人際關係的基本，在於孔子說的「忠恕」之道。儘管得將「以良心思考，以慈愛待人」牢記於心，但也不能盲目地展現慈愛。

不管是企業、學校還是家庭，都有必須拿出嚴格態度的時候。當對著下屬、同事、同學、學弟妹，或者孩童們說「這樣不對」的時候，講話的自己在精神上也會有所損耗。雙方的關係或許會因此暫時冷淡下來。儘管想要風平浪靜地解決，但如果一昧地迎合對方，那麼就不算是為了對方好。對自己或是自己所屬的組織，都會產生負面影響。

必須認真找出對他人而言，到底什麼才是正確的，必要時則拿出嚴厲的一面。稻盛先生告訴我們，流於表面的慈愛無法幫助對方，貫徹無情才能夠讓對方成長。

成為日本武士隊總教練的我，認為「如果連讓選手討厭的事都能做到，就有成功的可能性」。這是容易被氣勢影響的短期決賽，八強賽開始還是輸球就結束的淘汰賽，得做出會被認為是無情的決策。

二〇二二年十一月，日本武士隊舉辦強化試合，與我的老東家日本火腿，以及讀賣巨人隊交手，還和澳洲代表隊進行二連戰。

當上日本武士隊總教練的首戰，原先應該是二〇二二年三月對上中華台北。然而，比賽因為新冠肺炎疫情擴大的關係而中止了。

不管是對我自己，還是對選手們，這可是期盼許久的強化試合。

過往擔任日本火腿隊總教練的我，會一邊追求眼前比賽的勝利，一邊注意選手們的成長。然而，匯聚一流選手的日本武士隊，為了贏球而做出判斷比什麼都重要。無論是短打，還是選手的調度，下指示時可不能感情用事。即使選手覺得「為什麼不讓我打打看」或「為什麼要把我換掉」，也必須為了勝利的最佳策略而毫不遲疑。如果躊躇和猶豫的樣子被看到，就會失去信任。

在二〇二二年十一月的強化試合中，我捨去了「自己心中的總教練模樣」。不過，想要把這十年來累積的東西，從身體中一掃而空，可不是件容易的事。或許在不知不覺中，那個「一直以來的自己」又跑了出來，讓人比較難以感受到我有什麼差別，但我確實強烈貫徹稻盛先生說的話。「小善如大惡，大惡似非情」，是我當日本武士隊總教練的重要主旨。

興一利不若除一害

從十一月強化試合得到的另一個體悟是：「真的能將至今為止的經驗捨棄掉嗎？」

體育賽事中有所謂的「解讀比賽」這回事。

我還記得擔任日本火腿隊總教練時，某個球季的熱身賽就覺得不太對勁。在球季中，我總是提早兩、三步前做好「這時候應該這麼做，接下來變這樣時，應該那麼做」的準備。熱身賽時雖然也採用同樣的思考方式，但距離上次實戰已經過了好幾個月，使得自己的想法無法跟上比賽節奏。

到二〇二一年為止在日本火腿隊的執教經歷，也是選我擔任日本武士隊總教練的原因之一。我對於解讀賽事，解讀勝負，解讀現場，累積了一定程度的磨練，因此被期待著無論碰到多麼巨大的變化，都能夠臨機應變做出反應。

在商務界活躍的各位，應該都有在最前線做事，需要臨機應變，並且瞬間爆發靈感的經驗吧。我談到的解讀賽事和勝負，就是這麼一回事。

重點在於，當遇上勝負時刻，別把「解讀」和「經驗」給搞混了。

經驗是指自己見過、聽過、行動過後所得到的知識與技術。累積經驗後，就會增加「這麼做就能順利解決（或無法解決）」的判斷材料。無論是棒球、工作、家事還是育兒，經驗都能夠派上用場。

然而，我們日本武士隊要挑戰的ＷＢＣ這個舞台，對手是整個「世界」。在世界最高峰美國大聯盟的高水準競爭下，所誕生的明星軍團，與在大聯盟留下實績的總教練和教練團，必須以一球就會左右勝負的態度應戰。我所累積的十年經驗，怎麼說也只是從日本職棒得來的東西，能實際在WBC派上用場的恐怕不多。不，要是以為能派得上用場，可就跟不上時代了。

曾在蒙古帝國初期效力的官員耶律楚材，留下相當多名言。其中一句就是「興一利不若除一害」，這大概可以解釋成「比起創造一項好處，不如先除掉一項壞處」，或「比起開展一項新事物，不如先捨棄一項多餘的事」。

開始當著日本武士隊總教練這項「新事物」的我，必須捨棄自我經驗這個「多餘的事」。關於總教練的必要學習，已經植入了腦中。我內心淡淡訴說著：別害怕地做出改變吧。

小事謹慎處理，大事處變不驚

二〇二二年十一月五日和日本火腿隊比賽，同月六日對上讀賣巨人，同月九日、十日則和澳洲打二連戰。這些都是選在球季後進行。儘管認為要維持狀況和感覺並不容易，但選手們都拼上日本武士隊的尊嚴，打出了漂亮的一戰。

澳洲隊是WBC第一輪也將遇到的對手。從南半球遠赴而來的他們，正處在球季開幕前，才準備要加緊練習的階段。儘管兩場比賽都以大比分獲勝，但考慮到敵我現在的調整狀況，並不是什麼太令人意外的事。

十日與澳洲隊打完比賽後，我一如往常地翻開筆記。儘管比賽獲勝了，但我的心中卻被焦躁感所填滿。

這次的日本武士隊，聚集了被期待未來能夠繼續擔任WBC主力的選手，和很多球員都是首次一起打比賽。包含從「這位選手雖然對上澳洲輕鬆過關了，但到了WBC又是如何呢?」這種心理層面，到「二壘和游擊該怎麼搭配」等等戰略的部分，有太多只有四場比賽無法掌握的地方。

二〇二二年還剩下四個月以上，但這一天最後一頁卻寫下了「沒有悠哉的時間了」。就在我的焦躁感在心中凝聚成一塊時，手伸向了澀澤榮一先生的《論語與算盤》。在這本貼滿付籤的書裡，這天我的目光停留在引用水戶光圀公的「小事謹慎處理，大事處變不驚」這篇文章。

它告訴我：從現在起，把小事一個一個解決掉，並且必須釐清該從哪方面，用什麼方法解決。這中間可別搞混了。

我也在這個時候，再次銘記必須保持大事處變不驚的態度。

好比說，曾宣布入選的選手，會有遇上受傷的可能。儘管不樂見這種事情發生，但有個萬一也不能動搖，不能慌張。做好什麼事都可能發生的前提，預料好預料之外的情況。

回顧自身的日常，如果在事情順利時，小事往往也不放在眼裡。就算注意到了，也會暫且擱置，甚至覺得「反正也沒關係吧」放著不管。儘管俗話說「好事多磨」，但正是過得順的時候，更應該仔細對待小事。更進一步說，無論順境還是逆境，都應該保持謹慎的心。

窮則變，變則通

結束二〇二二年十一月的強化試合後，我繼續投入於WBC整體的籌備中。如何挑選教練團及後勤的人才，是讓隊伍勝利的必要條件。然而，一向與日本武士這種國際賽球隊無緣的我，並不太清楚哪些地方才是要點。

關於教練團方面，我考量的點在於央聯洋聯裡有實際穿上球衣奮戰，並且具有感性的人才。當然，也必須考慮到盡量別給其母隊帶來困擾，為此慎重地調整。

而後勤人員也和教練團一樣重要。

首先決定的是團隊經理。在挑選球員時，必須要有掌握動向的遠見，才不會造成耽擱，為此就得優先決定經理的人選。

當初就任日本武士隊總教練時，我立刻向老東家懇求，找來十年間一同征戰的岸七百樹擔任團隊經理。他在保留日本火腿隊的職位下，一同和我前往美國視察大聯盟選手，以及出馬和球員交涉。為了避免「因為自己的作法有問題，使得某位選手不肯參加」的狀況發生，擅於有效溝通的岸經理人，可說是必要的人才。

要在美國打倒美國隊，就必須蒐集大聯盟選手的資料。這方面聯絡了跟著底特律老虎隊總教練工作的池田寬。另外大谷翔平的翻譯水原一平，也在早期階段一起幫忙。我在日本火腿隊當總教練時，他那時就是隊上的翻譯，是重要的戰友之一。

還有一個在意的地方，則是牛棚捕手。

日本隊想贏球，必要條件是投手陣容能夠發揮實力。為此，就不能少了在牛棚接球，能密切溝通的捕手。

我在帶日本火腿的時候，札幌巨蛋總教練室前就有工作人員的櫃子。我常在那和牛棚捕手梶原有司討論，瞭解投手牛棚練投的狀態。他是位對棒球懷有熱忱，會為選手著想，又能完成工作，嚴格客觀審視投手狀態的人，非常值得信賴。

牛棚捕手需要兩位。除了梶原之外，我想拜託曾經在日本火腿一起奮戰過的鶴岡慎也。他在我辭去總教練工作的二〇二一年引退，隔年開始擔任球評和解說員，活躍於該領域中。

他已經離開了第一線，跑去叨擾真的好嗎?但我相信，鶴岡一定能夠理解我的想法，為日本棒球貢獻一份心力。

結果，鶴岡爽快地答應了。曾在現役時期拿下最佳九人、金手套的這個男人，在意的不是金錢或個人面子，而是認為「我也能從中學習」接下牛棚捕手的職位。

訓練員則由央聯、洋聯十二球團一同派遣。以選手的立場來講，有平常就在照料自己的訓練員跟著，也會格外有安心感。WBC辦在日本職棒賽季開幕之前，因此必須細心注意身體的任何風吹草動。

到了二〇二二年十二月中旬，正式公開了WBC的教練團隊。儘管如果有更多時間，以及金錢上的餘裕，還是有想要加強的地方。然而俗話說「一件事情的發生並非幸或不幸，而是從什麼樣的角度來看，決定它是幸或不幸」，我以《易經》中「窮則變、變則通」的心境面對。儘管有些無法補強的部分，但也能藉機產生變化，開創自己的道路。

我們人類啊，心情會因為眼前發生的事而動搖。

談公事時產生意外。

和朋友發生爭執。

被雙親罵了難聽的話。

即便知道不能夠原地踏步，但卻因為精神上的萎縮，而無法立刻付諸行動。我也是一位弱小的人，常常被發生的事給絆住腳。

但是，將發生的事定義為好或壞，取決於個人自己。碰到艱困的場面時，不妨就試著說說「窮則變」看看。

刮目相待

我以「刮目相待」的心境，迎接舉辦WBC的二〇二三年。這是我相當中意的一個詞。當有人要我送給他們一句話時，除了「夢成正夢」*，另一個會選的就是這句。

原來的意思是「期待人和事物的成長與進步」。也有「讓人看到和過往截然不同的樣子」的含意，而我則解釋成「相信選手們的成長與進步，並持續向前」。

率領部下的上司，指導學生的老師，身為孩子的雙親，都希望對方能夠成長、進步。擔任日本武士隊總教練的我，也有同樣的心情，但並不只是相信和期望，而是進一步百分之百地信賴著「是他們的話，肯定能夠做到」。

為何我會這麼想呢？

這是因為我接觸到三國志《吳書》中，呂蒙傳裡「士別三日，即更刮目相待」的教誨。在日本，也有「男子漢，三天不見就要讓人刮目相看」之說，指若是肯努

* 日文原文為「夢は正夢」，第一個夢字可解釋為「夢想」，「正夢」則指會在現實中發生的夢。整句意指「夢想成真」。

力的人，只有三天也能夠大幅成長，下次見面時讓人目不轉睛。

想擊敗美國大聯盟的明星軍團，球隊不以三天就能夠改變的步調成長可不行。我認為，只要日本武士隊的選手們發揮自我能力，彼此間相互激盪，就能產生巨大的化學效應，並憑著這股氣勢打倒美國。

擔任日本火腿隊總教練時，會在球季開幕戰當天，發給所有選手及工作人員酒盅，裝水一同乾杯。同時杯底刻有要告訴給選手們的文字。

二〇二一年球季，選的就是「刮目相待」。

例行賽是一百四十三場的累積。即使是拿下聯盟冠軍的球隊，在第六十場比賽左右時，都可能是敗多勝少。無論什麼樣的球隊都會碰到撞牆期，因此將「即使在漫長的球季中遇到瓶頸，但如果既然過了三天就能有所改變，最後一定能夠跨過障礙，拿下冠軍」的想法，化為四個字表達。

相信選手們能夠成長，並且仔細注意任何變化。這是我迎向WBC的一大主旨。

第一義

二〇二三年一月六日，公布了十二名日本武士隊的成員，大谷翔平也以大聯盟選手代表的身分參與記者會。接著，二十六日發表了登錄的三十人名單。之所以分成兩階段公開，其實沒有什麼特別的意思，單純只是因為需要製作海報等宣傳素材這類的公務理由罷了。

同時，在發表前十二人的時候，剩下十八人還沒有完全確定。雖然最後決定投手十五人、野手十五人，但配比一直到很後面才定下來。野手如果少了一人，那麼就得改變人選的職責。換句話說會影響到整體的選人方針。在六日當下，還有太多東西未能定案。

在選球員方面有幾個重點。

聽過去參與過ＷＢＣ的選手說，在大聯盟打球的選手，所說的話特別有份量。那些親自對戰過美國球員的人，所提供的具體策略，能帶給人安心感。

在第一屆大賽中，當時奪下大會MVP的西武獅投手松坂大輔先生，也告訴我「在第一屆大賽裡，大聯盟的大塚晶文的建言很有幫助」。因此我也認為我們的隊伍裡，大聯盟選手能否參戰至關重要。

為了在WBC求勝，有的選手無論是誰，都會認為必選不可。這些人可說即使總教練不是我，也會想選進來的球員。

但是，並不是說只要把各隊的王牌投手和強打集結完了就沒問題。必須把偉大前輩們所建構的日式棒球特徵展現出來。具體來說，是被稱為「小球戰術」的東西，但不只是短打、打帶跑、盜壘等等細膩的作戰，即使是力量與力量的對決，也能夠堂堂正正地應付。保持無論碰到什麼狀況，都能夠應戰的「形」。我負責的，就是找出能做到這點的選手。

在考量技術、戰略面的同時，我的內心浮現了「第一義」這三個字。據說這是讓戰國武將上杉謙信悟道的關鍵詞。意思是「人的寶物不是物質，而是能超越物質的心、顧慮他人的心」。

謙信公在《家訓十六箇條》裡，仔細講解了心靈層次。而這十六箇條被稱為「寶在心」，意指「真正的寶物就在心中」。

一月六日先行公開十二名選手時，被問到挑選這些人的理由，我回答：「第一義，先看有沒有武士的靈魂」。並非我有意識地引用謙信公，而是不自覺地講了出來。這代表在我的內心深處，牢牢刻著「第一義」這個詞。

我們的心，根據不同的場合，會改變樣貌，改變色彩。

若是被物慾驅使，到哪都無法冷靜下來。

若是染上驕傲和自滿，自恃過高的顏色，就會不小心傷了誰，甚至自己也對於傷害他人渾然不覺。

如果被愧疚所困，就變得總是在看人臉色。

只要能夠堅定信念並行動，即使失敗了，內心也不會被染黑吧。面對工作和考試，鼓起勇氣全力奮鬥，那麼不管結果如何，都能夠正面接受。

對你而言，真正重要的事情又是什麼呢？

若是能集結聽到這個問題時，會回答「顧慮他人」的選手們，那麼碰到什麼困難都能正面迎戰——我在挑選球員時所抱持的這個想法，或許也可以代換在你的公司、學校或家庭裡。

打招呼由自己主動

不管是職業運動，還是工作、學校社團活動，瞭解自己，以及瞭解自己所屬的組織和團隊，是邁向成功的第一步。我們的長處在哪？和其他團隊與組織比較，眼下的不足之處在哪？只要能充分理解自我，該在哪條路上奮戰就會清晰呈現。

我自己客觀評價、分析日本武士隊，說投手實力是世界第一也絕非誇飾。棒球被說由投手掌控，匯聚適合先發、中繼和後援的投手，是組成球隊的大原則。

在選才的過程中，曾經聯絡了在大聯盟明尼蘇達雙城隊效力的前田健太。他在二〇二一年九月進行右肘手術，二〇二二年球季都在治療和復健，並沒有上場。

我過去擔任總教練的日本火腿隊，是太平洋聯盟的球隊。前田在日本效力的，是中央聯盟的廣島東洋鯉魚隊。雖然在二〇一六年的日本一系列賽曾經對戰過，但前田從那年開始，就在大聯盟投球了。

站在日本武士隊總教練的立場，幾乎可說是初次見面。為了避免讓前田太緊張，帶給他不必要的麻煩，我想起以《修身教授錄》聞名的森信三老師教誨。雖說是以網路視訊的方式見面，但還是由我先打招呼。

森老師曾告誡「早晚的招呼一定要自己先開始」，正符合我和前田見面的狀況。《修身教授錄》中記載「打招呼是讓人際關係走在正確軌道上的作業，可說在一天的生活中，放在一切事物之前的重要美德」，和家人或朋友先好好打聲招呼後，接下來的談話就能更順暢。回想起學生時代的自己，在社團打的招呼，也有助於營造團隊氣氛。

「特別是碰到自己的晚輩，更該由自己主動先打招呼。即使只是一句話，日後也會成為助力。這是因為個人能做到的事情有限，最終還是得靠眾人一同協力才行。」——我並不是什麼人上人，正因為如此，站在必須盡量得到更多人協助的立場，更不能對打招呼有所輕忽。我反覆咀嚼森老師的話，等待線上會議的開始，和前田打了招呼。

隔著螢幕交談，知道他復健算順利，還說到可能在二〇二二年的球季中回歸戰線。

因為是傷癒復出的選手，因此絕對勉強不得。非得等到他完全康復不可，是我考量中必備的第一義。

前田告訴我，他自己很想參加WBC，並且登板打倒美國。他曾在二〇一三年的賽會中出場，在準決賽中敗給了波多黎各。二〇一七年大會時，他身為洛杉磯道奇隊的一員，為了迴避受傷的風險而未能參賽。

在WBC拿下冠軍，對日本棒球代表什麼意義。這點他能清楚地想像到。

轉戰大聯盟的前田，除了和在鯉魚隊時一樣，擔任先發的老本行以外，當中繼後援也留下不錯的成果。既然都決定要以「投手力分勝負」，肯定想網羅能這樣當活棋的選手。然而我卻拜託他：「不要為了WBC勉強自己，操之過急。」

結果，他沒能在二〇二二年賽季中回歸，通知說得專心備戰二〇二三年球季。WBC辦在大聯盟賽季開打之前，因此這也代表他將缺席。

即使如此，前田還是非常想為了日本棒球盡一份心力，這樣的心情也充分傳達到了。我在心中雙手合掌，說：「謝謝你的誠意，非常感激不盡。」

先入為主為輕、預備知識為重

在挑選球員的過程，我將過去野村克也先生的教誨寫進了筆記中。這句話是「先入為主為輕、預備知識為重」。

所謂先入為主，這點經常在我們的日常裡出現。在人際關係上，常常有著「那個人老是這種態度」、「反正我就是不被看好」等等，說出自己內心已經有定見的話語。

困在先入為主之中，思考就會停頓，無法自由地產生想法。要是堅持認為「我就是不喜歡那個人」，就永遠無法改善和對方的人際關係。

在挑選球員時，必須先將「那個選手是這個類型」、「那個選手做不到什麼事情」等等先入為主徹底摒除。腦中必須如明鏡止水，肯定所有選手的可能性。

而棒球裡所謂的預備知識，主要指的是數據。

球隊裡不只有紀錄員，還有分析師，整理出「要解決這名打者，可以用這種軌跡的球路」、「這位投手擅長對付這位打者（或不擅長）」等等資料。我在當球員的時候，隊內雖然會分享「今天碰到的投手尾勁很好」或「球質很重」這些心得，但現今則是活用客觀的數據去衡量一位選手。

作為預備知識的數據，當然是多多益善。不過在實際使用上，就必須有所取捨。什麼數據該在什麼場合下使用，必須經過計算。如果強灌太多數據，反而會讓選手感到混亂，本末倒置了。

WBC在三月開打，是平常熱身賽的時間點。必須早點將身體狀況調整到位，保持最佳狀態。

在意的那些選手，至今為止在三月、四月的比賽中，留下什麼成績呢？

在意的另一位選手，擅長對付美國隊某投手的類型嗎？

因為可以細緻地分析數據，有時也會感到猶豫。

為了糾正心中的混亂，我在「預備知識為重」之餘，又添加了一條「如何使用也很重要」的但書作為確認。

犧牲自己幫助他人，即為利他之心

被認為是京瓷集團經營的原點《京瓷哲學》裡，稻盛和夫先生曾這麼說。

日本的棒球迷們，究竟會為什麼樣的球隊感到興奮呢？又期待看到什麼樣的隊伍呢？

而又是什麼樣的球隊，能夠帶給日本球界正面效應呢？

先入為主為輕，預備知識為重。

捨棄既定觀念，別困在刻板印象的窠臼。

身為日本武士隊總教練的我，必須在心中保持著利他之心。即使犧牲自我，也該想清楚挑誰是必要的。要認真思考到這種地步，才能選出無論是誰，都會認可的解答。也就是該做出能身而為人的正確判斷。並非自我中心，而是為了選手，為了日本棒球，為了日本這個國家，思索著「應該要這樣」，那麼周遭的人，也會伸出援手的吧。

在以犧牲奉獻之心深思時，心中浮現了「多樣性」這個詞。迎來日本職棒的過渡期，該問的不是「要去哪裡打球呢」，而是同樣身為棒球人，彼此互相協助，一起將棒球的美好推廣出去。

不久前的二〇二二年二月，俄羅斯入侵了烏克蘭。在世界苦於新冠疫情肆虐，地球環境發生改變，全世界得重整協調的時候，竟然發生軍事侵略，讓我感到渾身顫抖。

我無法認同單方面用力量改變現狀這種事，而是希望能超越國籍、人種、性別和宗教，讓世界共存共榮。我希望能伸出手，貢獻一己之力。

會用運動相互比試的人們，不會拿起武器戰鬥。打造擁有多樣性的球隊，也能讓世界認識到協調這一回事。

一思及此，無論是為了運動、WBC或世界和平，肯定有能幫得上忙的地方。我決定檢討召集一事，要讓有日本人的靈魂、永遠全力奮鬥，並保有利他之心的選手加入日本武士隊。

大聯盟外籍選手相關的參賽規則，得到最後關頭才會釐清。雖說如此，等到都確定了才行動會有風險，必須考慮在早期階段就探詢可能性。為此聯絡了翔平的翻譯水原，去打探可能有資格的球員「被日本徵召時是否會有意願」。

這六、七名選手裡頭，所有人都給了正面的答覆。效力於天使隊，幫大谷翔平接球的鈴木清選手，也曾說「被選上的話樂意參賽」。由於他在二〇二二年決定引退，因此並未選進名單之中。

在拉斯．努特巴爾（Lars Nootbaar）方面，首先則進行網路會談。第一印象就如同大家所熟知的，發現他是個認真拼命、耿直的人，擁有著為日本武士隊而戰的靈魂。

他的父親是荷蘭人後代，因此荷蘭也探詢過他的意願。就在站上球場，沐浴在大燈下之前，我們的戰鬥已然開始。

武士道者，死之謂也

在找選手時最難的部分，果然還是如何徵召在大聯盟的日本選手。不同的選手狀況不一樣，有時能參賽或不參賽，也得探詢所屬的球隊。

不管怎樣，我只能拿出誠意去應對。我為了和選手見面赴美，在機上打開筆記，寫下「武士道者，死之謂也」這句話。

這是十八世紀的佐賀藩士．山本常朝在《葉隱》裡頭收錄，記載武士之心的話。這句話至今為止有很多解釋，而我則理解為「只要抱持著必死的覺悟，就能完全善盡自己應有的責任。」

儘管在美國見到了達比修有和大谷翔平等人，但事前我只感到不安，滿滿的不安。

說不定所有人都會跟我說「不」。儘管腦中浮現了最差的結果，但還是得拼命讓所有人能夠點頭。我抱持著他們不肯參賽，就絕不回日本的覺悟。

這些大聯盟選手要是不肯出賽，球隊的構想就會土崩瓦解。我之所以會被選上總教練，一部分大概也是因為和翔平的關係，因此這本來就屬於我當總教練的份內責任。

更重要的是，如果無法組成讓誰都認可的代表隊去打ＷＢＣ，日本棒球就會徹底崩壞。由於抱持著這樣的危機感，當達比修、翔平、吉田正尚、鈴木誠也四位日籍選手，加上努特巴爾五人確定會參賽時，讓人安心地鬆了口氣。

吉田是在二〇二二年季後，決定由歐力士猛牛隊轉戰波士頓紅襪隊的選手。為了適應新環境，在球季前參加春訓會有很大的幫助。

老實說，當他決定要挑戰大聯盟的瞬間，我就把他從自己的構想中除名了。當本人聯絡告知「我想參賽」的時候，比起高興，更多的是驚訝。

我坦白向他表達想法。

「從至今為止到大聯盟挑戰的選手來看，第一年都非常不容易。如果我是正尚的父親，一定會說『為了在紅襪隊好好表現，最好別打ＷＢＣ』。即使如此也沒關係嗎？」

吉田回我：「教練，雖然您願意這麼說，讓我非常高興。」因為是講電話，所以可能只是客套。但接下來的話，就說到重點了。

「儘管在大聯盟打球也是如此，不過在ＷＢＣ大會中稱霸世界，是我的夢想。」

太令人感動，讓我眼眶泛淚。

他們這些大聯盟選手願意參賽的真正理由，我其實也不能算完全瞭解。要我說的話，是他們貫徹為了日本棒球而奉獻自我，挑戰世界第一的信念。

在我們的日常生活中，需要抱持「必死覺悟」的狀況不多。放在職場和學校的日常生活，或許太誇張了點。

然而，每個人都會遇到左右人生的大場面。對公司非常重要的發表會、關乎進軍全國大會的賽事、兒女們的大考等等。為了在這時能夠發揮，平常就得做足準備。保持「做好準備」的心態，就可以銘記「武士道者，死之謂也」於心。

第二章

自修

無論何時都保持內心端正，
抱持著覺悟，每天認真善盡職責。
不恥於失敗。
不畏懼失誤。
將選手的苦難與煩惱，都當成自己的事，
與他們攜手向目標邁進。
捨棄私利私慾，
煥發自我使命。
無論如何都別放棄希望，
向前衝刺。

人是會改變的

我在北海道日本火腿鬥士隊當總教練的十年間，曾與許多教練及人員共事過。一軍的教練團雖然是約十人左右的小組織，但如果沒辦法順暢維持機能，就會陷入瓶頸。

雖然總教練身為組織領頭，得肩挑一切重任，但光是每個人的職位改變，就可能造成組織僵化，或者根據組合的不同，而無法維持機能。雖然大家比較容易注意在個人上，但個人也可能因為職位的不同，對待工作的態度有所變化。

對於擁有部下的上司，以及學校活動領導這類立場的人而言，該怎麼讓自己所在的組織能夠順利運作，是永恆不變的主旨。可以說只要一息尚存，這個問題就會永遠困擾著我們。

有個「二：六：二」法則的說法。它將集團裡分類成：有兩成的人非常優秀，六成的人算普通，剩下兩成的人則是無法提供幫助。

人際關係也能適用於「二：六：二」法則。不管自己做什麼，都能夠給予支持的人佔兩成；根據自己做什麼的內容，決定好惡的人佔六成；而不管自己怎麼做，都會不滿的人也佔兩成。

所謂人際關係，受到默契、氣氛等肉眼無法所見的事物影響。好比說，過去曾經在組織內積極發聲的人，可能會因為組織成員改變，變得沉默寡言。

澀澤榮一先生曾說：「惡人不會一直都是惡人，善人也不會一直都是善人。不將惡人以惡人看待，想盡辦法引導其向善。因此，就算一開始知道是惡人，也應該伸出援手。」

我認為這就是「人是會改變的」的真諦。

朋友們興高采烈地在公園玩耍，卻只有自己被叫去唸書時，不管是誰都會覺得「我也想一起玩」。組織中無法提供助力的人，也能套用同個思維。眼下真的提供了合適的環境，讓他們能在工作中繳出成果，或是能夠好好用功嗎？如果是，那麼就發揮耐心，好好告訴他們工作與學習的意義吧。

「四書五經」的《禮記》裡，有一節為「學然後知不足」。學得越多，越是知道自己的不足之處。只要理解學習的意義，或許就能改變工作和求學的態度。

在二〇二三年三月WBC開打前，於二〇二二年十一月舉辦了強化試合。在此與教練團和工作人員一起努力的同時，也加深了私交，並且實際感受到，即使是曾有在同隊一同奮戰的經驗，也並非永遠都會意見一致。

人是會改變的，因此在碰到必須改變的時刻，就該伸出援手。我寫下筆記：即使沒有立刻產生變化，也要堅持不放棄地循循善誘。

時機不同，接收方式也不同

入選日本武士隊的選手，會經由球團通知選手本人被選中的事。

雖然這是至今為止的作法，但我認為，應該要自己向每位選手一個一個親自傳達才行。如果透過球團聯絡，那可能只會得到「是喔，我被選中了啊」這種程度的反應而已。這樣萬萬不可。得由我親自告知為什麼會挑選這名選手，是在什麼考量下希望他能參賽，並且期盼他能從此刻開始，就抱持著身為日本武士隊一員的自覺。

雖然也可以靠寫信完成這件事，不過恐怕很難同時送達給所有成員。即使同時向選手的住家寄信，但對方也可能不在家。話說回來，也可能有不會去讀信的球員存在。

煩惱該怎麼做才好，最後我選擇直接打電話。

關鍵在於時機。我決定在二〇二二年十二月二十四日的聖誕夜，打電話給那時已經確定入選的約十五位選手。

我不清楚這算不算聖誕禮物，但的確是「會在心中留下印象」的作法。時機不同，接收的方式也不同，所以我希望透過傳達的形式，讓他們在被選中的瞬間就留下印象，覺得有為此一拼的價值。

聖誕夜及新年，每個人都想要放鬆去過。而在心靈比平時更為澄靜的時候，更會感覺到這一天發生的事情，有如命中注定。然後，身為總教練的我，就有在選手內心營造這種故事的責任。

在當日本火腿總教練的時候，我就很在意要告知重大事情時，應該在什麼樣的時機著手。

好比說，二〇一六年我讓大谷翔平擔任開幕戰投手，而這件事選在二月六日告訴他。因為這一天是二刀流之祖貝比．魯斯（Babe Ruth）的生日。

至於告知給諸位媒體，則挑在二月二十二日的下午二點二十二分二十二秒公開。重點不是「二十二」而是「二」。沒錯，就是在激勵貫徹「二刀流」的翔平。開幕投手由誰擔綱，對媒體而言是非常關心的事情。在這點上多添些調味料，就能炒得更火熱。透過這麼做把周圍都帶進來，讓事情變得更盛大，不只是為了當事者，也是為了棒球界。

或許有人會認為，這麼做不會太刻意、太羞恥嗎？四十或五十多歲的男性，恐怕腦中會浮現「自己這個年記的人還搞這齣，不會反而嚇退對方嗎？」的想法。放心吧，絕非如此。六十歲的我都還在這麼做，因此這招不管是誰都沒問題。剩下的，就只是要不要做了。

人生感意氣，功名誰復論

在二〇二三年一月六日，先行公開了十二位日本武士隊的成員，剩下的十八人則決定等到二十六日才公布。

最後煩惱的，是投手應該要選十四人，還是十五人才好。

WBC有著特殊的規則。賽會禁止投手上來只面對一人次打者的調度。每位投手要不必須投滿三個人次，要不把該半局投完，否則不得換人。預估很難在一個半局內，動用三到四位投手輪流上。若是採取投手車輪戰，基本上只能從每個半局的開始算起。

然而，先發和從乾淨的半局開始投球，果然還是有些不同。有從比賽中間開始投，也不會感到吃力的投手，也有不擅長面對這種局面的投手。

關鍵在先發和中繼兩者都能勝任的投手，以及能從比賽中段開始上陣的投手。也需要在壘上有跑者時，依然能夠發揮實力的專家。

因此，歐力士猛牛隊的宇田川優希成為了有力人選。

他在二〇二二年九月迎來一軍初登板，在球季末段，他被任命為在球隊遭遇危機時，負責拆彈的中繼投手，發揮得非常稱職。他有顆下墜幅度相當大的指叉球，那是很罕見的球路。儘管如此，他也不怕丟出保送。

再者，他在牛棚無論重複熱開肩膀幾次，表現都不會受到影響。這可是相當稀有的特點。儘管缺乏經驗這點會有疑慮，但像WBC這樣的短期決戰，他毫無疑問能成為戰力。

和以二十四人應戰的奧運相比，可以選三十人的WBC，在選才上可說是更為寬裕。正因如此，容易讓人去想像：「如果這個位置多帶一名選手會怎麼樣呢？」然而這次的WBC必須「靠投手取勝」，一定要避免因為少了一位投手，因而落敗的狀況發生。所以最後也瞭解到，必須要有宇田川這種類型的投手。

剩下來，就是等到集訓的時候了。我靜靜地說了：「人生感意氣，功名誰復論。」這是中國古代政治家魏徵在《述懷》詩中的一節。意思是：人為了誰的遠大志向與理念而動心，為此義無反顧，與功名、名譽和金錢這類私慾毫無關係。我告訴自己：要賭上自己的一切奮戰。

坦白地說，像我這樣資歷的人擔任日本武士隊總教練，負擔還是太重了。即使如此，依然有人對我抱持期待。儘管我不認得他們的臉，不知道他們的名字，但依然有替我加油的粉絲。儘管我瞭解自己的能力不足，但仍身負著回應他們期待的責任。並且，要全力去履行職責。

自己被任命了個稍微沉重的工作，站上了不匹配的職位——在這種時刻，心中會特別紊亂。即使表面裝作平靜，內心恐怕還是波濤洶湧。

在想要逃避的時候，不妨說說看「人生感意氣，功名誰復論」。你的話一定辦得到，一定沒問題，讓會這樣相信自己的人浮現在心中，或許就能鼓起勇氣面對了。面對艱難，依然能向前邁進的心，正是勇氣。

書不盡言，言不盡意

二〇二三年二月十七日，宮崎集訓開始了。

職棒隊伍開始集訓的時候，選手們和工作人員會聚集在一起開個會。然而，因大聯盟選手各自報到時間不同，沒辦法在這時集結所有成員。

如何在缺少幾名選手的狀況下，讓大家內心能夠團結一致？幾天前我嘗試找出最佳解答時，心中越發想起《易經》裡頭記述孔子的這段話。

用言語說明的事情，以及用文字傳達的事情，哪一種更容易讓人理解呢？或者，將書本和電視相比又是如何呢？

就我個人的感覺，能夠用視覺感官接收的影像，比較能快速又簡單得到理解。但相對地，這就不容易激發想像力。因為眼睛看一看就懂了，所以不需要動腦思考有的沒的。

文字又是如何呢？我在閱讀小說時，會去想像登場人物的樣貌、身材大小、陽光強烈程度、雨水滴在水泥上的聲音、食物的溫度和香氣等等，並在腦中將之畫面化。儘管比一開始就看得到畫面還要花時間，但我認為這更容易留存在記憶中，印象也更強烈。

口頭講「我很期待喔」，跟用文字寫出「我很期待喔」，即使是相同的內容，但對方接收的方式大概也有差吧。

直視著對方的瞳孔，把手搭在對方的肩膀上，在指尖施力，說著「我很期待喔」。這樣能夠傳達給對方的期待感肯定特別大。

用文字傳達訊息時，基本上不會和對方面對面。雖然無法讓人感受到自己的情緒和熱忱，不過文字裡依然能夠隱含著一些訊息。所謂的記憶，會和感情相互連結，與強烈感情所結合的詞語，即使放在五年、十年後，還是能留下氣息。

儘管用電腦打出來的文字乾燥無味，手寫文字卻能映照出動筆的人。根據鉛筆筆芯濃度與硬度，就能從文字中讀出各種表情。

寫法也會產生差異。是把字體寫得很大、字距間放得很寬，還是用細小文字塞得滿滿的。寫的人心裡究竟在想什麼，透過寫法就能夠去感覺，去想像。

我會用毛筆寫字。直行、字體寫得比較大。

雖然絕不是什麼漂亮的字，但會考慮要能讓對方好讀。《論語》裡曾說「辭達而已矣」，有意識地捨棄華美的修飾詞，而是真誠、直接地傳達我的想法。

孔子說「書不盡言，言不盡意」，告訴我們「文字無法將想說的內容完全傳達，而用說的，也無法完全表達所想的內容」。

我感覺正是如此。語言這種東西非常曖昧，很難徹底掌握。即使寫出或說出肯定的話語，也可能被以否定的方式接收。

即使如此，我還是相信語言的力量。我相信即使沒辦法立刻傳達到，但或許在明天、後天，甚至可能是一週後，總有一天能夠讓對方從心領會。

當上日本火腿隊總教練第一年，我指名齋藤佑樹擔任開幕戰投手。我用毛筆在書信上，寫下對他的期待。

後來我也在許多情況下傳遞書信，但年輕人可能會對如何保管信件不知所措。既然如此，我就改成用送書的。想將什麼內容傳達給選手，就去找和我的想法相似的書籍，打開封面第一頁白紙寫下訊息。

為了不要寫錯，因此得全神貫注，將靈魂注入其中。由於無法重寫，因此秉持《論語》中「再，斯可矣」的態度，仔細地反覆讀過確認。

自己的心情該如何傳達？面對面說嗎？打電話嗎？傳LINE嗎？寫電子郵件嗎？很難做決定。

要稱讚對方的努力之處，還是指出錯誤之處？傳達內容會根據對方的狀態，合適的管道也不同。

或許寫信這個方式，是最古老的傳達管道也說不定。寫出來，讀過一遍，放入信封，投遞。靠郵遞送交對方，最快也要隔天了吧。或許看似與現在的時間觀念格格不入，但其賦予了能夠思考的餘裕。已經送到了吧，願意讀讀看吧，會怎麼回應呢？考慮這些絕非浪費時間，我自己反倒相當中意這種形式。

對你重要的部下、同事、朋友和家人，該如何傳達想法呢？不管選擇哪種方式，都不要忘記為大家著想的「義」，以及代表良心的「忠」。

我將自己的想法，透過書信傳達給了日本武士隊的選手們。對生於美國的拉斯・努特巴爾，我也用毛筆寫信，再附上英文翻譯。當中融入了讓他接觸日語文化的同時，也將同樣身為日本武士成員奮戰的意思。

即使是一廂情願，但形式是有意義的。而且，能做的事情就要盡力去做。絕對不想要留下「要是在那個時候，有這麼做就好了」的後悔。

信件的最後是自己簽名，並且在旁邊蓋上印章。在思考該不該蓋印章，要蓋的話又該蓋什麼才好時，深思熟慮下，最後決定蓋上了「第一義」的文字。

重點不在物，而是在心。要讓世界瞭解日本棒球的厲害，裡頭也蘊含著這樣的心思。

在世間呱呱墜地的瞬間，所有人都拿到天書而活

我在集訓前夕，將森信三老師的這段話寫入筆記中。

我們各自肩負使命活著，並具有為了這個使命奮鬥的天分。充分發揮與生俱來的才能，以及努力學到的新知，朝著目標邁進，人就會得到充實感。

腦袋認清這件事的同時，我偶爾還是會感到迷惘。

我從小就喜歡棒球，並且成為了夢寐以求的職棒選手。出乎意料地，還當上了總教練。

如今，我甚至還被任命為日本代表隊的總教練。儘管身為棒球人，沒有比這更幸福的事情了，但我卻因為責任感的重壓，對於小事過度神經質。感受到身體變得僵硬、沉重。

有時會感到自己對於這份使命的不足和惶恐。明明已經讀過天書了，卻忘得一乾二淨，恐懼凌駕於充實感之上。

被選入日本武士隊的選手們，靠著自己的才能與努力，達到能站上ＷＢＣ奮戰的水準。他們也讀過了天書。

接下來，就是引導他們發揮實力了吧。身為總教練的我，再一次讀過上天給予的那封信，我能夠不畏懼、不膽怯、不猶豫，維持到這個世間的三月二十一日決賽嗎？

根據森老師所述，沒有打開過上天給的那封信，就草率結束的人，多不勝數。

自己根本沒有什麼上天賦與的才能。或許也有人是這麼想的吧。我就是這樣。只要碰上痛苦、煩悶的事情，心情就會盪到谷底。儘管渺小的自我陷入絕望，但正是這種時候，必須讓自己重振旗鼓。

我沒有成為棒球界的超級巨星，也尚未成為能名留球史的傳奇教練，唯一能做的，只有將做得到的事情全力做好而已。

無論是你拿到的那封信，還是我手上的這封信，肯定都有寫著「目標是全力以赴的自己」。這不是辦不辦得到的問題，而是無論如何先試試再說。即使是十公分也好。好好誇獎能踏出一步的自己，明天再以踏出二十公分為目標試試看吧。

「夫國以一人興，以一人亡」

決定好日本武士隊的成員後，媒體們便開始詢問：「要選誰當隊長呢？」

在擔任日本火腿隊總教練時，常常為了激勵該球員自立，而指名對方當隊長。藉由著將責任託付給對方，結果上也能成功團結隊伍。

我們日本武士隊在二月十七日啟程，約在三個星期後的三月九日，迎來WBC第一輪和中國的開幕戰。考量到準備時間這麼短，找個能夠將總教練底下教練團的想法，好好傳達給大家的人當隊長，或許比較合適。有時被指名當隊長的人，也能夠盡情地發揮領袖才能。任命一位隊長，確實有其優點。

身為當事者的選手們，又是怎麼想的呢？

二〇二二年十一月的強化試合，我詢問已經多次在日本武士隊打滾過的選手：「選出隊長會比較好嗎？」對方則回答：「即使刻意不選出隊長，有經驗的選手也會好好地去做該做的事情。」

中國古代文人蘇洵所著的《管仲論》，寫下「夫國以一人興，以一人亡」。一國是興是亡，會因為一個帶有強烈想法的人，將周遭的人們也捲入其中，形成巨大波濤動搖整個時代。

無論是好事、壞事、不得了的事，都是從一個人的想法而起。既然如此，如果不是每個人心中都實實在在地抱持著強大的信念，並且互相結合，我們就沒有勝算。

必須要讓所有人都同心一致，到即使瞎了眼，也能夠朝同個方向邁進的程度。考慮到準備時間如此之短，這不是一件簡單的事。即使如此，我相信為了稱霸世界，對每個人細心地引導，使其完成該做的事情，日本武士隊就會成為一個強力的組織。

無論是少人數的小團體，還是五十人規模的部屬，抑或是百人以上的大家庭，人與人連結的重要性永恆不變。不管是日本武士隊，還是中小企業，或者學校社團活動都一樣。

正因如此，孟子才會說：「天時不如地利，地利不如人和。」即使碰上有如黃金般的好機會，靠著自己的力量也很難掌握。學校的校慶也是如此，公司的發表亦然，只要能讓相關的人團結一心，就能化作成功的金鑰。

最終，我沒有決定隊長是誰。集訓第一天被問到時，我說：「所有人抱持著『我就是隊長』的想法，表現上肯定也會不同。為了讓球隊勝利，我希望所有人都做出行動，所有人都表達想法，所有人都彼此激勵向上。」

關於這點，還有另一個重要的理由。

只為了親鸞一人

這句話來自復興淨土真宗的親鸞。

親鸞將釋迦對萬人闡述的教義，視為自己單獨一人的東西。自己一人這點雖給人傲慢的印象，但我將之理解為「究極的當事者意識」。我認為，這是嚴厲看待自己，對自我的軟弱、笨拙、愚昧和醜陋有所自覺，並保持澄淨率直的心思，有著面對困難的堅定意志，為了幫助困擾的人，磨練自我心智。

我要求日本武士隊的每個人也該有「究極的當事者意識」。這也是不任命隊長的理由之一。

二〇二二年十一月的強化試合，對我個人而言是首次上陣實戰，我向選手們這麼說：

「雖然這是日本隊，但我希望大家不要認為『這是日本代表隊』，而是想著你們每個人都是日本代表來奮戰。」

如果是自己辛苦創建的公司，那麼在使用公費時，就會儘量去避免不必要的浪費吧。即使是一支原子筆，也會認真思考有沒有需要再買。非得等到東西都用完了，才會補新的上來。

不只是經費上的使用，工作進度上也會考慮「這是為了讓公司的將來更好嗎」，變成帶有當事者意識的思考模式。

家族間的羈絆也能形成「究極的當事者意識」。父母提醒孩子，將孟子的「出乎爾者，反乎爾者也」這教誨代代傳承，告訴孩子們不給人造成麻煩，注意並時時帶給人幫助，碰到困擾的人就伸出援手。這些加起來，就是抱持著當事者意識，感同身受他人的痛苦。

被日本武士隊選中的球員們，為了讓球隊獲勝而穿上「JAPAN」的制服。並不是「跟隨著最年長，且過去曾經有過出賽經驗的達比修有」，而是拿出要靠自我發揮，讓球隊獲勝的態度。球隊裡發生的事情，都不單純只是別人的事，而當作都跟自己相關。我要求全隊三十位選手要有這樣的心情。我們日本武士隊，所有選手都是領導者，所有人都是隊長。

在比賽中被追趕緊逼，需要凝聚而一決勝負的場面下，精神支柱的存在有其必要。本來還在想，該怎麼打造讓年輕球員能夠暢所欲言的環境，不過從集訓第一天，就看到今永昇太在房間裡找上各個選手談話。於是便珍惜選手們主動營造的氣氛，一邊磨練自己的當事者意識。

師出以律，否臧凶

這句話來自《易經》。這是告誡：當師（軍隊）在上陣之前，首先得維持住內部的紀律。這點非常重要，如果失去紀律，則是一大凶兆。

再來，現場的決定必須交給現場負責人。即便靠著紀律得以統率，但臨場判斷，得交由熟知現場的領導指揮。

在大聯盟的達比修，從第一天就參加了日本武士隊的集訓。

大聯盟從二〇二三年球季，導入了限制投球間隔秒數的投球計時器。另外，大聯盟選手因為WBC的規則，到三月六日為止的強化試合都無法上場。

如果參加母隊聖地牙哥教士隊的春訓，就能夠在熱身賽中登板。然而這麼一來，就得等到WBC開幕前夕，才能和日本武士隊會合。是自己的調整優先呢？還是早點跟球隊會合優先呢？他毫不猶豫地，選擇了從集訓開始就到球隊報到。

在考慮選手名單的過程中，我和達比修見了兩次面。第一次是二〇二二年的八月，我們聊了足足兩個小時。我告訴他「超越勝負」這件事，拜託他：「像是變化球的投法、練習的方式、飲食的調控、鍛鍊個人體能的方法，如果傳授這些東西，能夠帶給日本多大的幫助呢？我只希望你能好好思考這件事。」

剛好在和他相會的時候，是他老婆聖子生下第四位孩子前夕。我事前告訴他，希望能不要對他剛生產的妻子造成負擔。於是，他提出了「那麼當個情搜分析師如何」的想法。

當時在美國，大谷翔平的同事麥克．楚奧特（Mike Trout）公開表示會參加WBC。楚奧特呼喚同世代的超級明星一同奮戰，讓美國國內氣氛變得熱絡起來。

達比修熱心地說明，告訴我「用這個方式進攻的話，就能夠壓制楚奧特」。與大聯盟選手對戰經驗豐富的他，知道如何攻略參加WBC的選手們。他將會毫無保留地提供自己積累的資訊，表示：「我想像情搜分析師一樣，從戰略的立場幫助到日本武士隊。」

他的經驗與資料，絕對有著無比的價值。連我自己都想變回選手去吸收。這時還沒有確定他到底參不參加，我也不急著要答案。因為這麼做，容易讓他會用「家庭事宜」來當理由辭退。

下一次見面，則是二〇二二年的十二月上旬。WBC的總教練會議，辦在他母隊教士隊的屬地聖地牙哥。於是趕緊聯絡他，成功見到了面。

達比修在幾天前，在社群網站上表明了想參加WBC的意願。聖子女士肯定也在背後推了一把，因此我帶了一封信要交給聖子女士。

聖子女士和孩子也都共同出席餐敘，度過一段非常開心的時光。過程中，達比修說：「總教練，我都參賽加入了日本武士隊，沒有從一開始就會合可說不過去。那樣的話就談不上是一支隊伍了吧。」於是他說到做到，從二月十七日的集訓第一天就在宮崎了。

在大聯盟征戰十個球季的達比修，是日本武士隊年輕選手憧憬的存在。他在二〇〇九年WBC決賽中，作為後援投手登板，奪冠當下在投手丘上怒吼的模樣，成為日本在WBC攀上顛峰的象徵畫面，被深深記憶著。那樣的達比修，非常積極地和年輕選手們交流。不只如此，他還會問「你是怎麼投球的呢」，並用手機拍下姿勢，一起進行確認。

不管是哪位選手，滿臉都寫著「開心」。從首日練習開始就有滿滿的充實感。達比修正是那位現場的負責人，交給他就沒有問題，我對此深信不已。

吉凶之別在於悔吝

我在日本武士隊開始集訓前收到通知，說歐力士猛牛的宇田川調整狀況不佳。他是二〇二二年球季才在一軍亮相的選手，或許還不清楚該如何度過休賽季。或者，才剛在一軍投球，就馬上被選進了日本武士隊，讓他的觀感上可能有些錯亂。

再者，還有很多事要處理。身為投手的他，還必須得習慣WBC的使用球。

二月一日開始的歐力士春訓裡，中嶋聰總教練曾訓斥：「這狀態哪裡像是日本武士隊了！」用強烈措辭推了他一把。本人則在痛苦之中，努力提升狀況，接著和我等的集訓會合了。

然而這時的他，還身處於苦難的深淵吧。

十八日達比修進牛棚，年輕投手群都在旁爭相觀摩時，宇田川卻一個人躲在訓練室。在那天練習後接受採訪時，他說：「老實講有點害怕什麼的」，散發出沒有習慣這個球隊的氛圍。

就在這時，達比修敲了總教練室的門。

「總教練，拜託一件事。您看過今天宇田川的投球了吧？其實有變好對吧？可以請總教練您親口告訴他『這投得不錯喔』之類的話嗎？考慮到現在的情形，這些話應該能有很大的意義。」

感受到達比修對球隊滿溢的愛的同時，也瞭解到這將成為吉凶的分水嶺。宇田川狀況一直拉不起來的不甘，以及我後悔沒有用正確的方法督促宇田川，都開始導向「吉」的方位。

如果後悔的事情在這裡沒能改善，那麼宇田川的狀況就不會好轉。簡單地說，就是越來越往「兇」的方向前進。

我們的心會在不知不覺間，變得越來越粗心大意。即使因犯下過錯而感到後悔，改變作為，也還是容易再次疏忽，陷入驕傲與自大中。在吉凶的分水嶺，我希望能不對改變感到猶豫，陷入嫌麻煩「吝」的心情，並為自己重要的人付諸行動。

我接受達比修珍貴的建議，跟宇田川說了幾句。本人雖然回應「覺得緊張感還是很重」之類似乎有些抱歉的話，但他也說：「會想辦法的。」強烈的口吻與過去截然不同。

站在指導者立場的人，腦中或許常煩惱：應該「稱讚使其成長」呢？還是「斥責使其成長」呢？還是都不是，必須依序斥責、稱讚、鼓勵才理想呢？這點非常難以分辨。我自己的話，即使覺得這是「斥責的時候」，也可能還是想要鼓勵對方。

正是在這種時候，更該對錯誤反省，採取行動轉往「吉」的方向。《易經》有云「庸言之信，庸行之謹」，指出人生的要點，在於「在該做的時候去做該做的事」。用更簡單的方式說，就是不要遲疑，向前邁進這回事。

不可求回報

鹽沼亮順大阿闍梨曾說：「不可求回報。」

無論是工作、學校還是家庭，當我們身處困境時，都會咒罵不幸。儘管抱著無處發洩的憎恨，鹽沼先生卻告訴我們：「被丟到糟糕的情境中的各位，試著轉換想法為：現在是累積『功德存款』的時候。」

基於此，若是感到自我本身正處在原地踏步、停滯的狀態，那可以解釋成「或許已經得到的太多了」。他說：再怎麼樣每天至少都還能有飯吃，光是這點就值得感恩了不是嗎？

我將鹽沼的教誨，與《論語》的「克己復禮」加以連結。我認為不該追求滿足自己的慾望，而是恪守規範，優先替他人做出貢獻。

換句話說，就是「不可求回報」。

宮崎集訓的達比修，完全沒有要求任何報償。在球場練習時，他會和許多選手們交流，休兵日則舉辦餐會，加深大家的感情。投手群齊聚的餐會，被叫做「宇田川會」。這是為了激勵在調整上陷入苦戰的宇田川，並且將「自己得讓球隊獲勝」這樣的當事者意識植入其中。

私下的餐會也和野手們一同舉行過。達比修的用心獲得媒體報導，但其實連在住宿時，大家都因為他的點子，彼此間更熱絡了。

作為新冠肺炎的防疫措施，多人用餐時變成必須都面朝同個方向，保持沉默進食。達比修認為「這樣就無法交談了，可以改成放好幾個圓桌嗎」。不僅繼續維持基本的防疫，並且製造能在吃飯時，也能繼續聊棒球的環境，促進了大家的交流。

結束宮崎集訓，準備在京瓷巨蛋進行強化試合的時候，也能看到達比修的用心。京瓷巨蛋是歐力士的主場，販售著旗下球員的周邊商品。他在這裡透過球隊經紀人，買了宇田川的鑰匙圈，並且拍照上傳到推特。

親愛的達比修！

我在許多不同的場合，說明為什麼這個球隊需要你。從宮崎集訓第一天，就看到你完全不設藩籬，跳進年輕選手們之中，將必須告訴他們的事情，好好地讓他們耳濡目染，還願意不恥下問比你小十歲以上的選手，接觸新的感受和思考，成為自己進化基礎的態度。從宮崎集訓第一天，到決賽結束的那一夜，我看著你，心中只有滿滿的感激。

不求任何回報，以無私的心為球隊鞠躬盡瘁，這樣的姿態，散發著身而為人的無窮魅力。

拒絕比較

日本職棒從二月一日開始春訓，中旬進行紅白戰等練習賽，下旬進行和其他隊伍的熱身賽。到三月底的開幕戰為止，能累積十五到二十場左右的實戰，可以一邊小心避免受傷，一邊增進自己的手感。

然而，參加WBC的大聯盟選手，只能在大會開打前夕打兩場WBC官辦熱身賽。如果是投手，還會因為要確保出賽間隔，無法在大會前夕的賽事中投球。

我們向大會的主辦單位要求好幾次，希望能增加大聯盟選手報到後的練習賽數量。即使沒辦法出賽，但為了整合球隊為一體，還是希望能有更多時間。

然而，無論怎麼交涉，我們的要求都沒能獲得許可。

這是因為讓大聯盟選手參與練習，必須支付相關保險金。金額以年薪為基準，再乘以天數計算，就算只有一天，都得花上不少錢。

在這種狀況下，使得吉田正尚、鈴木誠也、翔平、努特巴爾，只能等到快開打了才能會合。每個選手的調整狀況不同，調整方式也有差，因此節奏讓他們每個人自行決定。

沒有參加大聯盟春訓，而是宮崎集訓第一天就會合的達比修，代價是自己反而陷入難以調整的困境。本人雖然說「會想辦法的」，但由於在宮崎貫徹球隊優先的作法，將自己的調整順位往後擺了。

達比修自己都有所覺悟了，我卻在這裡坐立不安，實在不像話。為了別讓內心被軟弱趁虛而入，我在筆記寫下森信三老師說的「拒絕比較」。

我們的煩惱，常常來自於和同事與朋友的比較。我們經常怨嘆「為什麼那個人辦得到那件事，我卻做不到呢」或「那個人天生有才華，我怎麼努力都無法追上」等等。

別人擁有自己沒有的東西，或是別人能夠做到的事情自己卻做不到，因而感到羨慕，這是理所當然的。然而，若是察覺到「一切的煩惱皆來自比較」這回事，不就能讓肩膀放輕鬆嗎？自己別去在意那些比較的材料，專心面對自己的工作、課業，就能從煩惱中解放。

森老師告訴我們：「跳入拒絕比較的世界，人才能開始抬頭挺胸，也就是進入天上天下唯我獨尊的境界。」

「天上天下唯我獨尊」這句話，某方面給人粗獷的印象。然而它原本的意思卻是大相逕庭，我將之理解為「天上天下僅此一人，作為誰也無法代替的一個人，去完成自己的使命」。不在意與生俱來的能力和學歷、地位與貧富，也就是告訴我們，不將自己和他人比較。

為了讓達比修累積接近實戰般的練習，我利用了和中日龍隊的強化試合。我拜託立浪和義總教練，讓他有面對中日打者投球的機會。

面對打者投球，就只有這麼一次，達比修便迎來了WBC。他毫不遲疑的態度，正所謂是「拒絕比較」。

視不自由為常事，則不覺不足。心生欲望時，應回顧貧困之日

這是德川家康留下的名言。

從擔任日本火腿隊監督的時候，我就一直把這句話放在心裡。不去想說現有戰力不夠奪冠，必須要進行補強，而是要搞清楚，靠著手上的戰力來拼出成績，才是我的工作。

如果怨嘆不足之處，就會沉入懊惱的深淵中。相對地，若能接受缺憾，就可以遠離嫉妒和羨慕。當時擔任日本火腿隊總教練的我，就說：「如果福岡軟體銀行鷹為了奪冠的準備是一百，今年的日本火腿隊可能只有十。但是，至少還有十，要是能盡量穩紮穩打，肯定能朝著冠軍邁進。」

為了準備迎戰WBC，三月三日、四日、六日、七日都安排了強化試合。這裡會有疑慮的，是投手的出賽間隔問題。從WBC開賽的九日往回推，六日的話相當於中間能休兩天。然而，七日的話就只剩下一天而已。即使是用球數比先發投手較少的中繼投手，可能都沒辦法在首戰登板。

投手教練吉井理人也對此有所疑慮，表示：「七日沒有選手能投，比賽打不成。」此時出現的方案為「讓五十人可登錄名單內的選手也能上場投球」。

然而在此又碰到了新的問題，就是用球。

這些可登錄的選手，是在有人受傷時能夠替補的球員。然而，基本上他們還是以日本職棒賽季為目標準備，使用日職用球持續練習。一旦換成WBC的用球，手感也不一樣。萬一不幸讓球員受傷了，那對選手及所屬球團都過意不去。

WBC方面雖然通知「七日的比賽請盡量使用和WBC相同的用球」，但這事可沒辦法讓步。到最後一刻都不斷陳情，表示「選手受傷的話會很困擾」，才終於獲得可以使用日職用球的許可。

遇上無法按照自己所想的狀況，也就是所謂不自由的狀況，並不是什麼特別的事。若是能將其視為理所當然，就不會產生不滿。

內心若是被慾望污染，就回想著苦難之時吧。只要經常想起不自由的時候，就能客觀看待自己。接著，自己只要能夠全力以赴，我認為一定能夠突破難關。

第三章

一道

一心只為了日本武士隊的勝利。
即使在艱難的時刻，所有人也一起克服。
從相信每個人的力量，
打開世界第一的道路。
排除私情、藉口，全神貫注
全心全意，注入最高最純的鬥志，
不膽怯、不畏懼，來吧，奪回世界第一。

知足者富，強行者有志

迎接ＷＢＣ到來時，我抱持著「為了勝利什麼都肯做」的決心。因此，我本來想在二月宮崎集訓時，先召集超過三十位多一點的球員，讓他們彼此競爭，在最後關頭決定名單。

要是能早點確定是哪三十位選手，便能具體考慮如何搭配。但相對地，我更期待不要太快決定要挑哪三十個人，加入一點競爭要素，提升緊張感，就能選用狀況更好的球員來組隊。

ＷＢＣ是短期決戰，所以沒有時間等待狀況不好的選手調整回歸。掌握並任用狀況好的選手，就能夠增加獲勝機率，於是方針設定成要把宮崎集訓也當成考量名單的舞台。就在這時，我收到了在二月六日為止，就必須要確定好三十人名單的通知。

自己想好能提升勝率的作法，卻沒有辦法實行。在夾雜茫然與憤怒的心情時，我讓自己想起老子的「知足」。

WBC的規定，沒辦法靠我一己之力扭轉。即使煩惱也無濟於事。不為不足之處而煩憂，想著即使如此，還是能夠完成任務、安穩生活，並對此感恩且繼續打拼。雖然有時會遇上令人咬牙切齒的狀況，但我相信持續努力不氣餒，總會有志同道合的人願意一同奮鬥。

所謂組成日本武士這支球隊，也等於是要選誰加入，又排除掉誰的意思。

稻盛和夫先生曾說：「不想被討厭的那種人，沒辦法育成下屬，也沒辦法讓組織變強。」他的意思雖然大家都懂，但想要簡單實行並不容易。

回顧自己過去的行動，實在沒辦法抬頭挺胸地說「我做得很好」。「不想被討厭」這個想法，會妨礙客觀的評價與判斷，我腦中浮現了這樣的場景。「為了組織、為了隸屬組織的個人，即使被討厭也好，仍該照著正確的想法去做」這件事，並非誰都能輕易辦到。

宮崎集訓期間，我打開筆記本，確認我該走的道路。有時我會在一天之內，寫下好多次古人話語和經營者佳言。

回到自己得讓日本武士隊拿下世界第一的使命，常伴智慧、熱情、意志，為了勝利做出最好的決定。將這份覺悟，確實傳達給選手們。

心中牢記，要盡最大努力的同時，也別忘了自己該做什麼。

在宮崎集訓，不只要想著不自由的時候，還得加深被討厭的覺悟。

有不可思議的勝利，無不可思議之敗戰

這句話出自江戶時代後半平戶藩（今長崎縣平戶市）藩主松浦靜山先生所著的劍術書《劍談》。由於日本職棒代表性的名教頭野村克也經常引用，使得很多人都聽過這句話。

雖然有幸運獲勝的時候，但敗仗一定有其理由——我將之解讀成，這說明了準備的重要性。

到WBC開賽前，共有六場強化試合。二月二十五日、二十六日對上軟體銀行鷹，三月三日、四日對上中日龍，六日對上阪神虎、七日對上歐力士猛牛。

第一場實戰與福岡軟體銀行鷹交手，我向教練交代「請讓野手全員都能上場過」。讓所有人平均分到打席數，好來觀察近況。

在宮崎和軟體銀行鷹打的兩場比賽，大谷翔平、吉田正尚、鈴木誠也和拉斯・努特巴爾這四位選手尚未與球隊會合。十五人的野手名單裡，僅有十一人在場，而扣除吉田、鈴木和努特巴爾，外野手就只剩兩個人。這樣比賽無法順利進行，因此向中央、太平洋兩聯盟十二球團說明，在宮崎的兩場賽事，由讀賣巨人和埼玉西武獅共派三名選手支援。往後的賽事，也繼續拜託其他隊的球員助陣。

對於各球團的大力協助，我深深表示感謝。我個人認為萬波中正（北海道日本火腿鬥士）和藤原恭大（千葉羅德海洋）已經累積了一定經驗，或許在這個球季就會大爆發吧。

我在事前就覺得，長期在太平洋聯盟奮戰的我，或許對中央聯盟選手比較不熟，所以容易感到好奇。事實上，中野拓夢（阪神虎）跑壘上的勇氣和決心，確實吸引了我的目光。

同時，效力於洋聯福岡軟體銀行鷹的周東佑京，即便過去在對戰中，已經不知道栽在他的速度上多少次，但依舊讓我相當震撼。全神貫注，加上具有決心和判斷力，讓他的速度能夠脫穎而出。

中野和周東，這兩人是拼勝負最重要的球員。代跑活棋不只一枚，而是有兩枚，令人感到非常放心。再來，就看我如何去運用他們的速度了。

作為開賽前的準備，可不能漏了投手續投，以及代打啟用的安排。還有守備位置和跑者的啟動，也是調度的重點。

特別是比分相近的賽事終盤，得提前做好沙盤推演。無論是攻擊還是守備方面、跑者的動作、內外野的守備位置、捕手該往哪傳球等等都事先規劃好，並由各種角度去解讀現場，做出判斷。再者，越是在關鍵的賽事中，越該優先處理哪些部分，這些都非常重要。

WBC有使用突破僵局制，要是打進延長賽，就會從無人出局、二壘有人的情況開場。

首位打者先用短打推進跑者，形成一壘出局、三壘有人。跑者為周東，打者為岡本和真（讀賣巨人），下一名打者則是村上宗隆（東京養樂多燕子）。

要是岡本打了滾地球，要讓周東衝本壘嗎？還是因為村上狀況不錯，因此先擋住跑者嗎？這裡還有對方是否趨前守備，以及守備能力、我方防守時會用哪位投手、對方的打序如何等等這些考量因子。

此外，還有假設如果打者有速度的話，在三壘跑者衝回本壘，卻發現可能來不及，因此讓跑者被夾殺，掩護打者推進二壘的狀況。

當然，很多時候不會都照著劇本走。同樣的球隊在經歷同樣的狀況下，就能互相猜到對方會怎麼做，但日本武士隊沒時間慢慢觀察這些。

如果事先想好各種狀況，當中也有不讓周東跑的時候。不過，在強化試合看著他的跑壘，仍覺得活像異次元來的人。

日本棒球的一切，託付在他的跑壘能力上就行了。他就是如此讓人印象深刻。

岡本也是讓人佩服不已。

擔綱巨人四棒的他，是個靠球棒讓隊伍獲勝的存在。因為是長打型的打者，比較給人很會轟全壘打的印象，但他會根據狀況不同，視情況做右半邊攻擊，或者打出內野滾地球爭取得分。他非常瞭解該怎麼攻擊，對球隊會最有利，好用得讓人愛不釋手。

像WBC這種大賽，球隊能帶的人員有限，因此教練團也得負責擔任餵球投手。其中內野守備、跑壘兼作戰教練城石憲之說：「不管哪個進壘點，岡本都能夠好好出棒。如果不拼全壘打而追求打擊率，他一定能打超過三成。」

不只是體育，在日常生活中，總是會有運氣好的時候。然而，好運氣卻不是一直都在。俗話說「柳樹下的泥鰍*」或「守株待兔」，訴說了就算第一次能夠順利，並不代表第二、第三次也能如法炮製的道理。「四書五經」的《中庸》裡，也記載著「凡事豫則立，不豫則廢」。指出事前如果能夠做好準備，就能獲得成功，但如果事前什麼都不先想好就做，則會遭致失敗。

在想說些什麼的時候，先好好整理想表達的內容吧。

在開始什麼行動之前，先仔細想好行動的目的和方向吧。靠著事前準備，就能防範迷惘、困惑、卡關、遇上瓶頸等等問題。

多算勝，少算不勝

中國春秋戰國時期的軍事思想家．孫武，在其著作《孫子》裡頭，有著讓身處在現代的我們，也能夠獲得參考的道理。其中之一，便是「多算勝，少算不勝」，我將之解釋為「拓展幅度」。

遇上國際賽事的關鍵局面，能夠轟出全壘打的話自然再好不過。同時，能夠推進或者選到保送，也是意義非凡。身為長距離打者，又具有打擊功能性的岡本和真，打擊上的「幅度」相當具有價值。

在比賽過程中，總會遇上想要長打的時候。雖然很可能先發的岡本、村上和吉田值得期待，不過預計將擔任代打的山川穗高（埼玉西武獅），棒子也是相當了得。他的存在，正拓展了球隊的幅度。

我很尊敬的三原脩先生，曾說勝負分成「實力五、狀況二、運氣三」。以此為基準考量，在一流選手狀況最好的時候，就能滿足「五加二」，靠著自己就讓球隊獲勝。一邊期待場上的選手能有兩、三人都是這樣的同時，也必須同時根據對手、戰況，保持拓展作戰幅度的意識。

＊ 日本諺語，指即使在柳樹下幸運抓到一次泥鰍，但也不代表每次都能如此。

日本武士隊的特點在於投手力，能三比二或二比一贏球是最理想的。然而，如果在開局就丟掉四、五分，就不得不去追求大量得分。所以也有用長程打者組建打線的必要性。換句話說，就是情況無論如何發展，都能夠臨機應變。

拓展作戰的幅度，這層意義對公司組織也很受用吧。上司好好理解部下的能力，將這個案子派給這個部下，那個案子派給那個部下，適才適所地去任用人才。當某個案子需要多人進行時，將每個部下的長處與短處做結合。好比說，如果將能言善道的兩個人組成搭檔，就能夠提高「表達能力」。這是將兩人能力相加的作法。

相對而言，讓能言善道的員工，以及口才沒那麼好的員工編在一起，或許會讓「表達能力」稍微下降。不過，也可能會提升「傾聽力」和「閱讀理解力」。

雖然說將兩人組合，能力可能會是相加或是相減，不過換成三人的話，也可能變成相乘，引發更加複雜的化學效應。

《孫子》裡記載「夫兵形象水」。說明如同水從高處往低處流，必須從對方有所疏漏的地方進攻。

將這句話放在我們的日常生活中，就是告訴我們「不要忽略了資訊共享」。

無論是幾個人的組織，還是百人為單位的大公司，談判和營業的首要攻略，都是從瞭解對方開始。為此，資訊就相當重要。不只上司要向部下報告，部屬間也必須保持緊密聯繫。

在瞭解對方之前，首先得搞定我方的協同運作。

即使沒有利益，也有意義

日本武士隊的選手們，上場時基本都是擔綱自己原本的守位。雖然能夠勝任複數守位會很有幫助，不過正是「我要以這個位置決勝負」這心態，才能徹底激發出最大的力量。

穿上胸前繡著「JAPAN」球衣的選手們，背負著難以估計的重量，只能正面迎接壓力，扛下巨大的責任。比賽中的每次表現也比平時沉重。從心理方面來說，更應該讓他們擔綱自己最有信心的位置吧。

然而，理想和現實之間卻有道鴻溝。

阪神虎的中野，是一位速度和攻擊力都具有魅力的選手。他在二〇二二年十一月的強化試合擦亮招牌，大大地提升了存在感。

另外，阪神虎的主場甲子園球場，場內和美國大聯盟的球場使用同一款土壤。已經習慣了可能有不規則彈跳這點，讓他價值倍增。

他在二〇二二年為止都固定擔任游擊手，但二〇二三年被要求轉往二壘。作為內野中線，二游間被稱為「要石之組」，重要性不言而喻，誰進二壘壘包之類的溝通也非常重要。還有兩人之間的暗號等等，需要一段時間才能培養默契。

作為二游替補，中野一次準備了二壘和游擊兩個守位。我也向阪神虎的岡田彰布總教練說明了安排方式，並且得到首肯。

岡本該守哪裡也相當令人煩惱。他是能夠拿下三壘金手套獎的選手，但在日本武士隊裡，很可能得以一壘手身分上場，也考慮會讓他去守外野。

可能得安排選手支援複數守位的想法，必須在宮崎集訓前通知。請日本武士隊的外野守備、跑壘教練清水雅治去聯絡後，岡本回答：「我會拿外野手手套來練習。」因而感受到他身為日本武士隊成員的強烈覺悟與責任感。

在WBC安排他擔綱一壘手，雖然不太好意思，但他還是好好地去做了。

用與原先不同的守位，替球隊做出貢獻的中野和岡本，讓我想起中國春秋時代的宰相晏子，曾說過：「即使沒有利益，也有意義。」*

這究竟有什麼意義呢？

又有什麼好處嗎？

當自己面對討厭或麻煩的任務時，我們總會碎碎念這些。要是被安排了和平常

* 出自宮城谷昌光著作《晏子》一書。

不同的差事，往往會產生「這又不是我負責的」或「最後一定弄不好，只是浪費時間」等等的負面思考。

然而，不妨試著拿出「總之先嘗試看看」的態度，思考該怎麼做才能順利進行，並且具體做好準備，採取實際行動。第一次做不好，就改變方法再試一次。即使最後都沒辦法順利完成，但是能夠動手去做的你，可說是往前邁進了一大步。

讓本來是外野手的球員，試著當一下內野手。在去接外野的回傳球時，就能親身體驗到「原來這樣的球會比較好接」。於是回到本來的外野守位時，也變得會提醒自己，投出讓內野手感覺好接的球。這是因為嘗試了不同的工作，提升了本職的精確度。

雖然不是馬上就能看到好處，但相關的經驗總能派上用場。正因如此，才會早在三千年前，就有著「即使沒有利益，也有意義」這句話。

若是被分派了討厭的工作或任務，請不要感到厭煩，先試著做做看。或許，會有意外的發現，開拓自己的視野也說不定。

真正懊悔時會咬牙切齒，而非流淚哭泣。唯有經歷過這個瞬間，才是真正的男子漢

在準備WBC的過程中，最怕的就是選手們有沒有受傷。各球團託付給球員們背負著日之丸而戰，扛下巨大的責任，難免會勉強自己。我的選手，我有責任讓他們健健康康地回去。在宮崎集訓的第一天，我就告訴大家：「如果身體出了什麼狀況，一定要說一聲。」另外也附註：「就算哪裡疼痛，也不代表會立刻踢出隊伍。一定會經過仔細討論，再決定如何處置，所以不用擔心這點。」

即使這樣講，選手們還是會撐到臨界點，才會願意坦白吧。我們這些工作人員

必須仔細緊盯，留意選手們有什麼不對勁。

宮崎集訓中的二十六日，美國那邊傳來消息，說鈴木誠也左側腹部肌肉不舒服，缺席了熱身賽。

我自己也有相關經驗，由於側腹會稍微發癢造成影響，因此需要一段時間才能康復。

迎接二〇二三年的賽季，鈴木增重了十公斤。為了期待大聯盟第二年賽季能夠一飛衝天，他進行了肌肉改造。

如果不需要參加WBC，或許他就能放慢肌肉改造的進度吧。是不是操之過急，才使得側腹不舒服——我一想到這裡，就忍不住感到萬分抱歉。我獨自嘆息著：「對不起，誠也。」話語撞到房間的窗戶又彈回來，打在我的臉上好幾次。

我看過新聞後，經理人岸七百樹捎來通知，說明天會進行細部檢查，到時就會瞭解詳細狀況。隔天，鈴木本人直接打電話給我。

在手機的另一端，我什麼也聽不到。鈴木完全語塞，一字一句都吐不出來。即使沒有見到他本人，也感覺能看到他現在的表情。

在真的很漫長、漫長、漫長的沉默後，鈴木才說：「我真的很抱歉，很不甘心。」接著又陷入了沉默之中。他的聲音從頭到尾都很含糊、低沉。

我說：「應該道歉的是我才對。害你去勉強自己，真的很對不起。」並低下了頭。他的「不好意思」傳入我的耳中，使我的胸口一緊。

掛斷電話的我，幾乎當場崩潰了。鈴木無法參賽這個事實，遠遠比我想像中的還要沉重。他內心的痛楚，彷彿成了我的痛楚，纏繞著我的身軀。

最終，在電話裡什麼都沒辦法好好交代。沒能用話語表達的思慮，哪怕只有一丁點也好，都想好好跟他說清楚。於是我在當天傳了手機訊息給他。

「誠也，光是知道你下定決心，今年一定要在大聯盟大顯身手，並為此準備至今，想必非常不甘心。然而眼下的狀況，不只是自己，包括為了棒球，為了幫忙加油的人，為了接下來將背負日本棒球的孩子們，你已經做了該做的事。真的非常謝謝，並且，只能再次感謝而已。再來真的很抱歉，給你造成了各方面的負擔。雖然我沒辦法和你一起站上球場，但在內心裡是一同奮戰的，請接受我給的勳章。我相信你好好治療，一定能有個非常耀眼的球季。另外，也請代我向家人傳達，說抱歉給你們造成負擔。之後我會再去找你，真的非常謝謝。」

打完這則訊息後，我咀嚼著被稱為安岡正篤先生的得意弟子，評論家伊藤肇先生所說的「真正懊悔時會咬牙切齒，而非流淚哭泣。唯有經歷過這個瞬間，才是真正的男子漢」。雖然我不清楚鈴木有沒有落淚，但說不出話的他，正表現出所謂的「咬牙切齒」吧。

二月二十八日，鈴木正式決定辭退。診斷的結果，讓他不得不放棄WBC。這個時間點，日本武士隊共有五名外野手，而他是唯一的右打者。無論是長打能力，還是身為右打外野手，都是不可或缺的一人。

為了日本武士隊，與自我搏鬥的鈴木，是一位「真正的男子漢」。為了能夠回應他這份心意，說什麼也要留下成果。

耐冷、耐苦、耐煩、耐閒、不激、不躁、不競、不隨，以成事

擔任日本火腿鬥士隊總教練的第一年，正是達比修轉戰美國大聯盟的時候。少了前一年才拿下十八勝的王牌投手，我被媒體詢問過好幾次「該如何填補達比修的十八勝呢」。

失去一位能拿下十八勝的投手，損失當然不小。不過，如果某位不同的投手能拿下十勝，另一位則拿下八勝，那就能拿到十八勝了。不把失去王牌當成危機，而是看作其他選手成長的機會，並為此絞盡腦汁。

拿下諾貝爾物理學獎的理論物理學者阿爾伯特・愛因斯坦（Albert Einstein），曾說「機會就在困難中」。英國第六十三代首相溫斯頓・邱吉爾（Winston Churchill）

也說過「悲觀論者，會在機會中看到困難。樂觀者則是從困難中看見機會」。

悲觀的思考、樂觀的思考，彼此之間究竟差別在哪呢？是天生下來想法就不一樣嗎？

我自己認為，差別在於由什麼角度來看待事物。

悲觀論者容易陷入「至今為止都沒辦法順利進行，因此未來也不會好轉」的思緒中，由過去來判斷未來的發展。

樂觀者則會認為「雖然至今為止並不順利，但現在可以採取這個行動，讓事情好轉」。這想法能夠好好檢視當下，因而讓自己更接近期盼中的未來。

少了誠也，對日本武士隊而言是個危機。然而，危機之中也有轉機。不管是在我們職棒的世界，還是學校社團活動、公司組織，常常都有因為少了誰，結果使得其他人因此能夠竄出的時候。

總教練我本人的不安，會傳達給選手。也會讓每天訪問的媒體們知道，在球迷之間擴散。

在我們的日常生活，常有「氣氛會傳染」的時候。一個失誤，一個誤會，一個不小心，最終成了組織崩毀的契機，太多例子都是因為「再這樣下去可不妙」的情緒擴散開來，太過緊張結果整個繃住。

面對誠也退出的艱困局面，我在筆記裡寫下中國清代末期，曾國藩所留下的教誨「四耐四不訣」。內容為「耐冷、耐苦、耐煩、耐閒、不激、不躁、不競、不隨，以成事」。

我將之解釋為：沉住氣，別讓自己的情緒亂了套，有時接受事實，並隨時保持冷靜，無論何時都不要慌張，不要拿自己和人比較，不要被他人的意見帶著走。

「四耐四不訣」是做人的準則，無論小孩或大人，都能好好記著。這八種心境裡，即使只有一、兩種也好，只要試著加以實踐，就能改變內心的光彩。

不頑強就無法生存，不溫柔則沒有活著的資格

日本武士隊在二月二十七日舉行宮崎集訓的慰勞餐會，接著持續調整並前往名古屋。三月三日將和中日龍隊進行第一場強化試合。在比賽前夕，翔平和努特巴爾與球隊會合了。

因為打過大聯盟熱身賽，所以他們會合後，身體狀況應該都調整到了一定程度。即使如此，總教練還是要儘早確認實際情況。

最初見到翔平時，我感覺：「嗯，沒問題！」無論是神情還是身體，都沒有注入多餘的力量。即使如此，還是洋溢著紮實感。從這就可以觀察到，他這段時間做了充足的準備。

在牛棚練投時，他確認了自己的投球動作、放球點、身體的平衡等等。他幾乎沒有全力投球。或許沒有平時場上那般壓倒周圍的氣場，讓接球的捕手會懷疑「沒

問題嗎」。不過這是屬於他自己的調整方法，就算在WBC，還是不會破壞自己的腳步，讓我感到非常值得信賴。

投球之外還有打擊。他壓倒性的擊球距離和速度，讓日本武士隊的選手們也看得出神。

翔平的打擊練習，啟動了團隊鬥爭心的開關。

為爭奪冠軍的美國隊，集結了大聯盟各隊的主力選手。以打者而言，他們可是有一整排與翔平同等水準的球員。

啟動「由這個等級選手所組成的軍團，是我們必須戰勝的目標」這個開關，讓選手們更下定決心，因而提高集中力，把狀況再提升一個檔次——這是我所感受到的。

這天的比賽在晚上七點開始，但下午四點開放入場時，觀眾席就幾乎都坐滿了。翔平的打擊練習，就在這時進行。

很少在室外進行打擊練習的翔平，在兩隊選手以及觀眾的目光下揮舞著球棒。

練習告一段落時，他高舉雙手，回應球迷們的鼓掌及歡呼。

所謂日本武士隊，應該要有什麼樣的表現？我在會合第一天的打擊練習裡，感受到他明確地知道自己的立場，並且決心完成相應的使命。

在這天晚上的筆記裡，我寫下菲力普・馬羅（Philip Marlowe）的知名台詞。這位美國小說家雷蒙・錢德勒（Raymond Chandler）筆下的私家偵探，有一句經典名言是「不頑強就無法生存，不溫柔則沒有活著的資格」。

強調頑強和艱困，或許會形塑難以親近的氛圍。創造一直都在尋求完美，不允許任何閃失的形象，也不太能感受到人類的溫情。正因如此，馬羅又添加了這句「不溫柔則沒有活著的資格」。

人無法獨自生存，而不忘記溫柔，就能建立與人之間的連繫，從而讓自己的人生更豐富。就是這麼回事吧。

從會合第一天就參加練習的這份頑強，並且回應球迷聲援的這份溫柔，翔平這樣的人格特質，肯定能對日本武士隊帶來好影響。並且，無論如何都要獲勝的強烈心情，也從第一天就感受到了。

人在一生中一定會與命中注定的人相遇。且一刻不早，一刻不遲

現代社會包容多樣性。與昭和時代相比，能感受到在日常生活中，和外國人接觸的機會明顯大量增加。

日本武士隊也應該讓各種人才充分發揮。因此選入了在美國出生的外野手努特巴爾。

要召集美國大聯盟的球員，大前提是要獲得所屬球隊的允許。努特巴爾是二〇二二年才成為先發的選手，實績並不算太完整。因此，他所屬的聖路易斯紅雀球團

認為，他應該以賽季為目標，好好準備比較妥當。

紅雀隊有保羅・高施密特（Paul Goldschmidt）和諾蘭・亞瑞納多（Nolan Arenado）等主力選手，以美國隊成員的身分參戰WBC。另外也有提供球員給韓國、墨西哥、加拿大、義大利等代表隊，可說是相當配合WBC的一支球隊。

即使沒有拒絕努特巴爾的參賽，但對方很在意「能確保多少打席數呢」。若是在季前春訓中途退出，WBC又沒怎麼上場的話，可是會影響到大聯盟季賽的。

雖然在我的構想裡，打算讓他擔任「一棒・中外野手」，但理所當然地，還是得看狀況來決定怎麼安排。因此向球團老實告知「由於關乎WBC的勝負，因此沒辦法保證打席數」，而獲得了理解。

挑選外國出生的選手，這在日本武士隊是前所未聞的。他在日本幾乎沒有知名度，而且日本職棒界有許多優秀的外野手。到底該不該選進努特巴爾，我其實也相當猶豫。

深究自己猶豫的原因，雖然也有選手組合、安排等等戰略的部分，但果然還是會在意「日本的棒球迷，到底能不能接受他呢」。雖然我自己完全不擔心受到批判，但如果因此背離球迷的心……這樣的不安，從內心某些狹縫中湧了出來。

和努特巴爾網路視訊時，我想起森信三老師說過的「人在一生中一定會與命中注定的人相遇。且一刻不早，一刻不遲」。透過螢幕見面，我很快感受到，他就是注定相遇的那個人，我們在完美的時機碰面了。他一定能被日本球迷接受的，我這麼深信著。

在今天工作中交換名片的那個人，朋友介紹的那個人，是否就是自己「注定相會」的那個人呢？我自己也不是對每次邂逅都保有印象，而是在不知不覺中，突然意識到好像越來越常見面了。然而，我聽說在平凡無奇的相遇裡，有可能會改變整個人生。

千利休的高徒，山上宗二的《山上宗二記》裡，記載了那句名言「一期一會」。意思是即使是日常工作，也將每次與人的相遇，當成是一生一次般地用心看待。我正是抱持著這樣的心情，對於邂逅表示感謝，自己的人生也學到了一課。

打開包容的心

這是我會每天提醒自己的事之一。

宮崎集訓期間，我和教練團們一起吃飯。在談論各個話題時，提到了想讓努特巴爾能夠順利融入團隊的這件事。

因為側腹疼痛而辭退的鈴木，曾坦白說：「很遺憾沒辦法幫忙招待努特巴爾。」鈴木和努特巴爾所屬球隊都在國聯中區，多少有些接觸。而且同樣身為外野手，鈴木相當關心努特巴爾的事。

我們繼承了鈴木的心意，誠心誠意地對待努特巴爾。我和教練們達成共識，既然我們作為招待的一方，重點在必須敞開心胸，不該帶有先入為主的觀念。

所謂的敞開心胸，該怎麼用行動展現呢？外野守備兼跑壘教練清水雅治提議：

「不如就幫他取個綽號吧，並且在語尾加上『chan*』。」這是非常好的點子，於是決定不用他在美國時慣用的「拉斯」，而是選用中間名的「達治」（Tatsuji），將他暱稱為「達chan」。清水從二〇一七年就開始幫忙日本武士隊，非常懂得如何凝聚團隊。

三月三日第一天會合，我們穿著特製的T恤迎接他。在決定要用暱稱叫他的當晚，就立刻動工製作了。

因為背上寫著「達chan」，努特巴爾本人在詢問過意思後，似乎大吃一驚。他似乎很高興地說著：「大家都穿著印有我名字的T恤，心情也特別好。」

如同我贈與用毛筆字寫下的信封，T恤的文字也特意使用了毛筆筆觸。和日本人的我們心靈契合，一同奮戰，我想將這樣的心情傳達給他。

看著我們身旁周遭，能感受到想要好好地做溝通，變得越來越困難。需要注意

* 原文「ちゃん」，在日語中對於親暱人士稱呼時所使用。

有沒有言語霸凌的場面越來越多，必須慎重地挑選言詞，結果變得容易裹足不前。因為暴力的言語和態度而傷到了誰，這絕對要加以避免。為了不要展現高壓的態度，得保持和對方眼神好好交會的意識。

在此之上，打開自己的心，誠懇地去接納。我透過和努特巴爾的交流，確認到即使語言不通，心意也能夠傳達得到。

投入練習的努特巴爾，擁有自己一套固定習慣，在全體練習當中，也把自己該練的部分消化完。儘管上了大聯盟，但畢竟是還年輕，從今以後得累積許多經驗的選手，不過他卻給了我「沒問題的，他能做得到」的印象。

忠恕

中國春秋時代的思想家孔子，曾說「夫子之道，忠恕而已矣」。

「忠」是坦白順從自己的良心。「恕」是將他人的思慮，當作是自己的一樣，設身處地去體會。

三月三、四日在名古屋和中日龍交手，接著前往大阪，六日與阪神虎、七日與歐力士猛牛進行強化試合。

我在名古屋的強化試合，瞭解到球迷們抱持著多大的期待。在球隊巴士開進球場的時候，沿途都是滿滿的球迷。我曾以選手、總教練，以及記者的身分進入球場過，但從未如此受到歡迎。這讓我實際體會到有多少人抱持著期待。

同時，也會擔憂這樣移動起來會不會很麻煩。然而，從名古屋搭新幹線到大阪時，車站人員和警察們合作無間，一路上暢行無阻。他們帶我們走了與平常不同的動線，因此在移動過程中沒有引起任何騷動。

在名古屋車站的接待室裡有面白板。離開時，我看到一個頗為熟悉的簽名。那是翔平。

他是個愛惡作劇的人，總是會用幽默的行動來舒緩氣氛。為了讓我們能夠安全移動，站員和警察們盡心盡力。這是想說只有一點也好，為了慰勞他們辛勞而寫的吧。除此之外，或許還有想給他們驚喜的意思在。無論是哪個，都因為他培養出了「忠恕」之心。

移動中雖然都穿正裝，但翔平是穿便服。因為努特巴爾的移動用正裝來不及完成，所以翔平也捨棄正裝改穿便服。這層顧慮是他的作風，為的是讓「達chan」能夠融入隊伍。

翔平不讓努特巴爾被孤立的行動令人心暖。儘管佩服「真不愧是他」，但這絕非什麼特別的行為。只要站在對方的立場思考，就能夠察覺得到。

在公司的同事或晚輩有困擾，或學校的朋友們有煩惱時，試著設身處地替他們著想吧。即使你的作為並沒有正中對方的紅心，但那也是你貼心顧慮後的行動，或許能成為一盞明燈，點亮對方的心。

夷險一節

吉田在三月五日也會合了，全員總算到齊。六日、七日大聯盟選手得以出賽，打完最後的強化試合，並在八日前往東京。九日則是期盼已久的WBC第一輪賽事開打。

我在最後詳細擬定了作戰策略。

第一輪有四場比賽，決勝輪則有三場比賽。考量到比賽間隔，要用四名先發投手應戰。這四人決定派出達比修、翔平、山本由伸和佐佐木朗希。

在征戰求勝的過程中，比較關鍵的，是第一輪第二場的日韓戰，以及在決勝輪裡，輸球就打包的八強和準決賽。由於第一輪是四場決勝負，因此就算敗給韓國，也能以第二名身分進軍決勝輪。

本來以為這四個投手不管順序怎麼排，應該都沒什麼問題吧。

投手教練吉井理人表示，他想讓將來可能會挑戰大聯盟的山本和佐佐木，主投四強以後會在美國進行的賽事。儘管為了選手的未來，先累積經驗很重要，但身為總教練，仍應以勝利的角度著手，去反推如何組成輪值才行。

直到最後仍在煩惱的，是「八強賽絕對不能輸掉」這件事。雖然一直提及「要在美國打倒美國，奪回世界第一」，但如果沒辦法踏上美國的土地，這個美夢也就宣告終結了。由此來看，八強賽得讓在美、日都留下實績的達比修和翔平主投。

若是突破八強賽，準決賽再交給山本和佐佐木負責，接著決賽由達比修和翔平來收尾。儘管還得跟大聯盟球團交涉，才能決定該怎麼安排，但事前做了這樣的沙盤推演。

在決定好投手安排的那個晚上，我在筆記寫下了「夷險一節」這幾個字。

「夷」指一切順利，「險」則是指逆境。

即使選手們充分發揮實力獲勝，也不要對於指揮的自己過分得意和自信。相對地，就算碰到艱難的比賽，也不要悲觀、放棄，盡己所能戰到最後一刻。

在心中牢牢記著：必須保持一貫的態度和心境，不要去管前面怎麼樣。

回顧過往，我的人生可說是充滿著逆境。進職棒前並沒有留下什麼成績，只能以練習生身分加盟東京養樂多燕子隊。

和被選秀指名的球員相比，我對彼此間的實力差距感到吃驚。在教練的不斷鼓勵下，好不容易才終於達到站上一軍的水準。

然而，我在職棒第二年染上梅尼爾氏症，從此在發病與緩解中徘徊，且右肘的舊傷再度復發。職棒生涯短短七年就草草謝幕。

引退後擔任體育媒體人，一邊研究棒球，一邊學習著當個社會人士。在好多時候，好多人伸出了援手，讓我現在還能從事跟棒球有關的工作。

WBC這一戰，簡直是至今為止的人生縮影。我在筆記裡發誓，要順境時不驕縱，逆境時不畏怯地向前邁進。

終於，絕對不能輸的戰鬥開始了。為了日本棒球界的未來，日本隊一定要「奪回世界第一」。

第四章

WBC 第一輪　貫徹

不要錯過時機。不要放過時機。
遭遇困難也視為理所當然，
正是這種時候更要奮發圖強。
結合每個人的意志，
預先料想意外狀況，強韌而靈活。
展現出態度，持續燃燒鬥志。
以敏銳的觀察力一戰，不看輕對手，
為每一球注入靈魂。

人如果只靠自己就什麼也辦不到

三月九日，WBC首輪首場賽事對上中國，正式開打。

比賽前演奏了日本和中國的國歌。

擔任北海道日本火腿隊總教練時，也曾在賽前聽聞國歌演奏。我非常重視那短暫的瞬間。

迎來WBC前，我曾和日本足球代表隊森保一總教練對談。足球的國際賽事也會在賽前演奏國歌，森保總教練就說：「當聽到國歌時，自然會流下淚來。」

聽著國歌的我，也慢慢地濕了眼眶。

內心為何會如此激昂呢？這實在很難用言語表達。能夠想得到的，就只能說是感受到體內基因了吧。家族長久以來的繼承，以及不只是家族，更是日本人所傳承的重要事物，此刻正在我的體內沸騰著。

自己像這樣站在東京巨蛋，是因為人們來到日本這個國家，在這片大地上生活，一代一代繁衍下去。認知到並非「活著」，而是「可以被活著」的我，腦中浮現了澀澤榮一先生在《論語與算盤》裡寫的「人是只靠自己，就什麼也辦不到的存在」一文。

澀澤先生曾說：「靠著國家社會的幫忙，連我這樣的人，都開始能夠賺取利潤，過著安心的日子。如果沒有國家社會，就不可能讓所有人，都能在世間過著滿意的生活吧。一思及此，越是掌握財富，就越代表得到了社會的幫助。」

我們之所以能站在這裡，是因為有國家社會，是因為有那些打拼的人們。既然如此，就應當回饋社會。我告訴自己，要透過棒球來貢獻他人，為此在WBC全力以赴。

日本國歌演奏時，我感受到東京巨蛋所有人都融為一體。雖然在職棒的對戰裡，球迷們會分成兩邊，但無論是讀賣巨人的球迷、阪神虎的球迷、日本火腿鬥士隊的球迷，都會幫日本武士隊加油。在我們後方，有數不清的球迷們相挺。雖然單打獨鬥什麼也辦不到，但可以感受得到，我們並不只是一個人。

《論語》裡曾教導「擁有高道德的人，自己想要出頭，就會先幫他人出頭。自己想要發達，就會先幫他人發達*」。「高道德」雖然聽起來會讓人神經緊繃，其實只要在日常生活中，保持著「幫人出頭、幫人發達」的意識就行了。

在社團活動要喝水時，先別只顧著自己搶著喝。

在工作中率先處理好自己的事，別讓他人乾等。

用完的東西記得物歸原處。

放輕鬆，不需要勉強自己，先從能做到的事情開始吧。

* 原文應為「夫仁者，己欲立而立人，己欲達而達人」，此為栗山引用《論語與算盤》中的白話解釋。

真心努力過的人，成功或失敗不過如同身上的碎屑

WBC第一戰對到的中國，因為防範新冠肺炎疫情，很長一段時間都和全世界刻意保持距離。無論是從中國前往國外，還是要進入中國，都受到嚴格的限制，因此中國會打出什麼樣的棒球，老實說一點概念也沒有。

然而在一般的觀點裡，都比較看好日本武士隊。

雖然說是只要好好打，就能取勝的對手，但這樣的賽事尤其難以應付。我自己曾親身體驗：在贏球是理所當然的氣氛中，卻沒辦法率先得分，因而產生了「怎麼會這樣」的焦躁情緒，打亂自己的節奏，在驚慌失措中反倒被對方取得領先，最後輸球的比賽。

雖然因為沒有資訊，讓人覺得有些不快，但從WBC前的強化試合來看，他們還是支球打得有模有樣的隊伍，不是能夠輕敵的對手。因此，不能以過度緊張或鬆懈的心情面對比賽。

第一輪將和中國、韓國、捷克和澳大利亞交手，每支球隊都把目標擺在突破第一輪吧。所以說，都可能會碰到對方王牌級的投手。

如果老是猜想對方會怎麼出牌，就會陷入迷惘而無法自拔。總之，先集中精神，想著要好好在WBC發揮自我實力，打出漂亮的首戰——這想法之所以照耀著我，是因為澀澤榮一先生《論語與算盤》中收錄的「真心努力過的人，成功或失敗不過如同身上的碎屑」這段話。

澀澤先生說：「人最重要的，就是得以自己該做的事情為基準，去決定自己人生的道路。不問成功和失敗，不要因為結果失望或悲觀。」

總而言之，我們自己先拿出誠意，認真努力，睜大自己的雙眼。如果成功，那代表自己知道該怎麼運用才幹。如果失敗，代表自己的智慧尚且不足，暫時先緩一緩。不管是成功還是失敗，都必須繼續加強自我，運氣才會常伴身邊。

換做是日常生活，重點在要有「好，來吧」的態度。

一想到接下來會產生什麼樣的結果，腦中的不安就難以壓抑。然而，在可能的範圍裡充分準備，就能沉浸在一決勝負的喜悅中，體驗到興奮的滋味。即使失敗了，也能夠再次發起挑戰。

在我們的人生之中，有著一些重要的場合。不只是升學大考，或者就職面試，抑或是哪個案子成功了可以升遷，這場比賽贏了可以進軍全國大賽，等等的關鍵決戰。

不被困在成功、失敗的窠臼中，而是為了達成自己該做的事情去努力。告訴自己「好，來吧」，激勵內心踏出步伐吧。

順境使人亡，逆境使人活。再從每次忍耐中，漸漸找到人生

三月九日晚間七點，中國戰正式開打。一局上半是中國隊的進攻，日本武士隊先守。第一個上場的，是先發投手大谷翔平。

對自己而言，這一場別具意義的比賽要開始了，一定要贏下來。他似乎散發著這樣的心情。

或者，裡頭也隱含著要調整的意思。在日本職棒裡的每局試投，用球數是有規範的，不過WBC卻沒有特別限制。

關於翔平的牛棚練投狀況，我聽投手教練吉井理人報告說：「總教練，他在牛棚可是連一球都沒丟進好球帶喔。」如果不是WBC，這時還在季前的階段，因此

狀況可能沒有調整得那麼理想。但即使如此，他還是上了場，盡量地投出內容，表現比起日本火腿時期又更上層樓了。

因為是第一戰，說什麼都要搶下勝利，但怎麼贏的也很重要。翔平也能夠理解，必須盡可能打出氣勢，延續到第二戰以後。

三振了首名打者後，後續打者則接連擊出內野滾地球，三上三下結束第一局。由於開局還在找手感，即使球速有丟出來，控球仍稱不上穩定。他在這情況下，好好地利用了滑球來度過局面。

接下來一局下半的攻擊，首位打者努特巴爾抓第一球，打向中外野形成安打。

為了日本的將來，我們需要這位選手。為了打倒美國，我們需要這樣的戰力，因此召集努特巴爾加入日本武士隊。儘管他的決心也讓人感受到了，不過內心的壓力肯定也是非常龐大的吧。而且外人對他的評價，在比賽開始前，恐怕都還處在曖昧之中。

率先敲出中外野安打，能讓他自己及其他人內心的烏雲，一口氣煙消雲散吧。

把球打向中外野，並且以二壘為目標繞壘，震撼著日本人的野球觀。在最初的打席，他就擄獲了許多球迷的心。

在我心中，也安心地吐了口氣。

來到日本職棒打拼的外籍選手，常需要時間適應日本棒球。必須在短期決勝的WBC裡，也曾想過他有來不及調整好的可能。

這支安打，讓努特巴爾相當振奮。對我而言也是值得高興的一擊。

接著連三名打者選到保送，擠回來一分先馳得點。

一口氣大量得分，掌握比賽的節奏，讓更多選手能夠上場，迎向明天對上韓國的比賽——內心瞬間有了這樣的想法。

第五棒的吉田正尚打出內野飛球出局，六棒岡本和真打成右外野飛球。雖然覺得有機會形成高飛犧牲打，但三壘跑者近藤健介遭到右外野手的回傳球刺殺，形成雙殺守備。

儘管先拿到一分，但休息室瀰漫著「應該可以再拿到更多分」的氣氛。接著到了第四局為止，中國和日本進攻都是「零」，沒有任何分數變動。

再繼續這樣一比零下去，就可能發生一些意外，造成失分就此輸球。在日本火腿當總教練的時候，就經歷過這樣的比賽。彼此間有著明顯差距時，反而會對非贏不可的球隊造成壓力。壓力又引發焦慮，影響表現的精準度，從而引發失誤。

可不能自己先崩掉。在勝負的世界裡沒有「絕對」，必須全力以赴。而展現這種態度的，就是翔平。

身為大聯盟球隊核心球員的他，說是比中國打線等級高上一截也沒問題。即使如此，他還是全力、在每一球中注入靈魂去投。

「順境使人亡，逆境使人活。再從每次忍耐中，漸漸找到人生。」

這段話出自伊藤肇先生的《領導者的帝王學II》。

與中國對戰的開場，正是所謂逆境之時。雖然領先，卻無法讓人安心。然而我在心中不斷默唸，只要能在這個逆境中撐住，無論是個人還是團隊，肯定都能夠成長。

預料好預料之外

持續一比零進入四局下半，一出局後，努特巴爾靠著內野安打上壘，近藤補上右外野安打，形成一出局一、三壘有人。下一位打者翔平轟出直擊左外野大牆的適時二壘打，成功追加兩分。

以頭部滑壘回到本壘的近藤，臉上顯得戰戰兢兢，沒有高興或振奮之情。雖然曾和他一起在日本火腿鬥士隊共事，但過去即使在類似情形，也從未看過他有如此緊繃的神情。我切身體會到要在WBC搶得勝利，是多麼不容易的一件事。

五局上半，派出戶鄉翔征替換翔平。雖然他在第五局三振了三名打者，卻在第六局兩出局時被敲出一轟，比數變成三比一。

戶鄉本身投得不錯。然而，他在母隊擔任的是先發角色，似乎感覺到他很難在比賽中熱開肩膀。特別是喜歡用遠投來調整動作的投手，一旦比賽開始就沒辦法這麼做了。隨著比賽進行，問題和功課也逐一浮現。

七局牧秀悟敲出陽春全壘打，再度拉到三分差。八局靠著首位打者翔平安打，點燃打線的串聯。打者接連選到保送、再靠著安打回本壘等等，一口氣攻下四分。如此一來便形成八比一。九局上半中國的攻擊，由第四任投手伊藤大海收尾，就這麼拿下勝利。

賽後的訪問中，我回顧道：「雖然想說別因為是國際大賽就太在意，但果然還是很艱困的比賽。」結果來看，雖然大比分獲勝，但到了九局中國的攻擊結束為止，連讓人喘口氣的瞬間都沒有。說是「艱困的比賽」，確實表達了我的心情。

我曾向高中、大學及社會人棒球的諸位總教練討教，詢問該如何面對單場必勝的比賽。帶領社會人球隊東京瓦斯隊拿下日本第一的山口太輔先生告訴我：「好好分析對手，盡可能別出意外。保持能夠回答『如果發生這種狀況時，可以這樣去應付』的狀態來面對比賽。」儘管是必須牢記於身的建言，但我們事前沒有充分掌握到中國隊的情資。有著無法分析的部分，使得得不了分也在預料之中。

「預料好預料之外」的重要性，在商業圈裡也流傳甚廣。由於無法預期的自然災害與日遽增，平常就該做好準備，「先預料好意外」變得相當重要。

「真沒想到事情會變成這樣」，這就是所謂的預料之外。為了徹底杜絕「沒想到」，必須早一步發揮想像力。不只是從自己已知、專門的地方去看，更應該去注意那些沒那麼關心的範圍，對它們時時留意。

為了別遇上「沒想到」，得意識著想像力的發揮。捨棄「這應該沒問題吧」的想法，事先做好充足準備吧。

根本眼目

對上中國的第八局，我發現到努特巴爾在打席中，特別在注意自己的腳，便和翻譯水原一平一同走出休息室，上前關心努特巴爾。

他在這場比賽裡，第一局開始就全力衝刺，三局時面對一顆中外野較淺的飛球，用滑接的方式接殺。無論打擊還是守備都卯足全力，鼓舞了球隊的氣勢。

當WBC正式開打，選手們一開場就會拼盡全力，連一絲一毫都捨不得保留。因此，我向教練團拜託：「在宮崎集訓時，就先提升一下強度。」如果不這麼做，就很容易造成選手受傷或者累積疲勞的風險。

由於努特巴爾沒有參加宮崎集訓，因此無法掌握他的練習負荷量有多大。結果他在第八局的打席，腳似乎有抽筋的狀況，最好立刻換人。

然而他卻不肯接受，直說沒問題。總之還是讓他完成了這個打席，選到保送以後，派出代跑替換。

抽筋的部位是小腿肚。如果再抽筋一次，就可能會拉傷。我自己也曾碰上過小腿肚拉傷的狀況，也是造成我引退的原因之一。

如果在此出現傷勢，不只是對WBC，連對賽會後的大聯盟球季都會產生影響。一度考慮最好得讓他在下一場對上韓國的比賽休息，於是請翻譯的一平去瞭解，看看努特巴爾自己的感覺如何。

努特巴爾的反應出乎意料。他非常激昂地表示，在這時休息根本愚蠢至極。韓國陣中有他在紅雀的隊友湯米．艾德曼（Tommy Edman）。努特巴爾解釋：他就是為了和艾德曼一決勝負才會來的，如果和韓國的比賽不能上場，自己來日本又有什麼意義。當然，為日本武士隊出一份力，也是他想來的一大原因。

我聯絡紅雀隊，請對方的防護員和我方的防護員溝通，瞭解努特巴爾的現況後，得到「要是本人說沒問題，就可以繼續派上場」的回答。

接下來，就是看我的決定了。

韓國是第一輪裡最大的競爭對手。即使就算輸掉了，也還是能以第二名之姿挺進八強賽，但我們的目標是擺在七戰全勝，拿下世界第一。為此，不能缺少身為開路先鋒（一棒打者）的努特巴爾。

另一方面，若是過於勉強，則會提高受傷的風險。

即使猶豫著怎麼做才對，但還是得下決定，這就是總教練的工作。我決定讓努特巴爾繼續上場。如果強制讓他休息，失去立場的他，心情上可能會因而變質，甚至是變得委靡。看在他拼盡全力奮鬥的精神，於是和對上中國一樣，將他安排為先發「一棒・中外野手」。

派上努特巴爾的我，也下定決心，自己要擔負起最終的責任。我在心中默唸森信三老師的教誨「根本眼目」。

我們的本質目標，在於奪回WBC世界第一。我自己最該擺在第一順位的，是相信並支持朝著目標邁進的選手。也就是所謂的根本眼目。

統領部下的上司，總有覺得「這個工作交給他（她），可能還稍嫌太早」的時候吧？而體育球隊的指導者，也有煩惱著「等過一陣子再讓這位選手上場比較好吧」的場合。父母想讓孩子做點什麼時，也可能會擔憂「現在做好像有點風險」。

不想失敗，不想失去自信，不想受傷。雖然為了對方好，必須做出慎重的判斷，但同時也別忘記要相信對方。在培育過程中，尊重對方「做得到」、「我想試試」的心情，無論發生何事，都別壞了對方這樣的情緒。

不遷怒，不貳過

在與韓國對戰前，先確認了他們三月六日對上歐力士猛牛、隔天七日對上阪神虎，以及九日首場面對澳大利亞的比賽。我自己也在二〇二二年十月時前往韓國，視察韓職KBO聯盟。另外，夏天到美國聖地牙哥的時候，也觀察了當地主場教士隊的金河成選手表現。

在蒐集各式各樣的情報後，已經大概能想像得到韓國在攻擊方面會排出什麼樣的陣形，會用什麼樣的方式得分。透過金河成和努特巴爾隊友艾德曼的加入，使得球隊獲得強化，也感覺到中途替換上場的球員狀況相當不錯。

其他方面，檢視投手陣容，預計應該會由曾參加過二〇〇八年北京奧運和二〇〇九年WBC，已經三十四歲的金廣炫來先發對到我們。隊上能帶來氣勢的次世代年輕投手比較少，對我們來說是個機會。然而，韓國國內對於投手陣容的評價並不差，認為召集了許多值得信任的短局數投手，可以靠著車輪戰來搶勝。因此，必須避免在被領先的狀況下，進到比賽後段的情形。

順帶一提，韓國王牌候補的安佑鎮並未參賽。他以二十三歲之姿，拿下二〇二二年賽季防禦率王、三振王，是個還年輕氣盛的投手。然而，聽說他被舉發在高中時期曾經霸凌隊友，因此沒有被選進WBC名單內。

我到韓國視察時，曾被特別問說：「你知道安佑鎮嗎？」他就是才能如此傑出的選手。

在十幾二十多歲的時候，失敗可說如影隨形。有時可能會因此不慎傷了誰，或者鑄下什麼過錯。然而，自己如果誠懇地反省過失，那麼也應該要獲得能夠彌補的機會。

《論語》曾說「不遷怒，不貳過」。意思是不要因為憤怒而讓感情驅使行動，不要讓同樣的過錯再次發生。如果稍微再擴大解釋，則可以說成無論是誰，都曾經犯過錯，重點在於如何避免重蹈覆轍。

如果安佑鎮能夠出賽，或許會成為阻礙日本隊的一道高牆。擁有實力的彼此，全心投入且堂堂正正地較勁，這才稱得上是決定世界第一的WBC。

為什麼他沒被選上呢？我並不清楚真正的箇中緣由。然而，在世界棒球圈來到巨大分歧點時，我希望必須以更大局的觀點，來做出正確的判斷。

時用

每次在WBC碰到韓國，常常都會形成一場死鬥。這次也毫不例外，本場比賽也有著重大的意義。

為此，在很早的階段裡，就決定將派出達比修有先發主投。

賽前練習結束後，籠罩著與平時截然不同的氛圍。越是接近比賽開打，越是感覺到身體輕飄飄的。

其實在這場比賽前，是由岸田文雄內閣總理大臣進行開球儀式。負責當捕手接球的是我。拼命想著「可不能讓總理的球漏到後面」時，原本身體輕飄飄的感覺開始慢慢消散，身心都變得更為鎮定。

責任重大的開球儀式，對我而言深具意義。

第一戰對上中國，我集合大家簡短地說了些話，然後公布先發名單。這場對上韓國，賽前就沒特別跟選手說什麼。

我問以游擊手身分先發的源田壯亮說：「小源，你在跟韓國比賽時，有什麼特別的想法嗎？」他曾在國際賽事中，有和韓國交手的經驗。

「雖然大家都會這麼問，但實際上場的我，只覺得就自然、照常去表現而已。」

確實如此呢。不用我來提醒，大家都能理解這場比賽的重要性。我判斷不需要在此之上，又給他們增添額外的負擔。

當然，這是第一輪賽事裡「關鍵中的關鍵」。若是能在對上韓國時拿下來，球隊也會比較能夠穩住，我自己認為這是相當重要的一場比賽。

第四章

WBC第一輪　貫徹

和前一夜同樣的晚上七點，因緣的對決正式開始。

先發的達比修有，第一局順利解決三個人次。不愧是他，儘管在賽前相當緊張，但可說是賽會的首次登板，他在投手丘上依然確實發揮。

韓國先發投手是左投金廣炫。我們日本武士隊第一棒努特巴爾、第二棒近藤、第三棒翔平、第四棒村上宗隆、第五棒吉田正尚，打線前段都是左打者。雖然平衡左右打可能比較理想，但是這種等級的打者們，即使對方派出左投，也沒必要去更動打線。

努特巴爾和村上，對左投的打擊率還比較高。不只是韓國，恐怕會有很多對上左投手的機會，我們只負責打倒對方就是。

第一局以三上三下作結。二局上半，韓國的攻擊也是三上三下。二局下半一出局後，吉田靠著內野安打上壘，並因為內野手的暴傳站上二壘。雖然有先馳得點的機會，但後續打者都被解決掉。不愧是經驗豐富的金廣炫，狀況似乎非常好。

才想著要比耐心時，分數就有了動靜。三局上半，達比修遭到首位打者敲出二壘安打，下一位打者第一球嘗試端出短棒，雖然點成界外，但展現了一定要讓跑者推進的企圖心。

該怎麼渡過這樣的局面呢——就在這麼想的瞬間，響起了清脆的聲音。球直飛往左外野，消失在觀眾席裡。

以前在當記者時，曾經詢問過星野仙一先生，被轟全壘打失分後的心情如何。無論是當選手還是當教練都赫赫有名的星野先生，他的答案至今仍讓我難以忘懷。

「你覺得在被打全壘打時，誰的腦袋最會變得一片空白？就是我啊。在內心祈禱什麼都好，就是不要全壘打的時候，卻慘遭一發擊沉，比起實際被打的投手，我更會感受到自己才是被砲轟的那個人一樣。」

在當上總教練後，我深切體會到星野先生的意思。盼望能渡過危機時，卻被轟了全壘打，真的會讓人全身冷汗直流，思考也完全停滯。

在這個狀況下，卻稍微有點不同。在想盡辦法保持冷靜，別讓腦袋停止運轉後，「達比修被砲轟，或許不全然是壞事」的想法，慢慢從腳底湧上。

《易經》裡教導著「時用」這件事：刻意去使出雙面刃的「時」，藉此將逆境作為教訓，並將之活「用」於未來。這句話要我們突破人生的弱點。

掉了兩分的達比修，內心肯定非常不甘。然而，身為我們投手陣中絕對支柱的他都慘遭砲轟，年輕投手群或許會想著「連達比修都可能被打，這就是WBC的舞台」，緩解緊張感的話，這支全壘打或許反倒有正面效益。不，我趕緊在內心記下來，我已經在正面看待它了。

心不在焉，視而不見

達比修接下來解決兩人，拿到兩出局。面對第五名打者，也讓對方擊出三壘滾地球，但這時村上發生傳球失誤，讓打者進佔二壘。接著對方補上右外野適時安打，失掉了第三分。

像這樣高張力的比賽裡，伴隨著全壘打、保送、失誤、盜壘的得分，將對勝負產生巨大影響。因此這失誤丟掉的第三分，可謂相當沉重。

我自己已經做了設想好意外的可能，因此也準備了追回去的方法。

我告訴自己：莫急、莫慌，接下來才是重點。

首先搶得一分。形成一比三的話，就能靠兩分全壘打迎頭趕上。首先拿一分，不是一口氣要回分數，而是先拼一分。

接下來三局下半，首位上場的源田在第八球選到保送上壘。他靠著不停纏鬥得以站上壘包。金廣炫這位投手，對固定式投球沒那麼在行。

雖然差距三分，多累積些跑者比較理想，但因為剛丟掉分數，無論如何都想至少追回一分。於是向源田指示，若是時機許可，盜壘也沒關係，而他也看準了時機漂亮地盜上二壘。打者中村悠平選到四壞球，無人出局一、二壘有人，輪到第一棒努特巴爾打擊。

好啊，好戲才剛開始啊。休息室裡的士氣高漲，觀眾席也沸騰了起來。這會給韓國隊帶來壓力……正在此時，卻出現糟糕透頂的壞消息。

因二壘牽制球用頭部撲壘回壘的源田，喊了暫停回到休息室。好像是哪邊在痛，但因為在場上和對手激烈攻防，所以看得不是很清楚……。和源田一起到了休息室後台的內野守備、跑壘兼作戰教練城石憲之，明顯染上一層焦急和不安。

「總教練，他的手指在壘包附近撞彎了，應該是不行了。」

源田則說「至少讓我上去當跑者」，回到了二壘。

在挑選日本武士隊成員時，有兩名選手一開始就決定好了。其中一位就是源田。既然把目標擺在靠投手力贏下比賽，作為守備核心的游擊手，他是絕對不可或缺的存在。

雖然我已經要求自己，不管發生什麼狀況都慌不得，但要是少了源田的話……。然而，關鍵的日韓之戰仍在持續當中。我告誡自己，現在先不要想那麼多，別讓眼下的指令出現差池。

此時攻擊有了出色的表現。努特巴爾適時安打，近藤敲出適時二壘打，吉田也打出適時安打，讓比分逆轉為四比三。

繼前一天首局敲安，努特巴爾今天也立了大功。而且，全隊抱持著「至今為止全靠達比修有凝聚球隊，可不能讓他成為敗戰投手」的想法，更能提高集中力和投手對決。

四局上半更換投手，派出今永昇太上場。他在所屬球隊橫濱DeNA海灣之星隊擔任先發。在四比三、第四局的狀況下登板，肯定不好處理。不過儘管感覺有些緊張，他還是三上三下壓制對手。五局則在兩人出局、二、三壘有人時，沒失掉分數安全下莊。在這之前一出局一壘有人時，努特巴爾接續前一天，又秀了一次拼勁十足的滑接。

投手避免被長打，守備固若金湯，不給對手任何空隙。我腦海裡「靠投手取勝」的棒球，在這局漂亮地具現化了。

下個半局靠近藤的全壘打多添兩分，六局則是靠著打者九個人次的猛攻，一口氣拿下五分。如此一來形成十一比四，奠定了比賽勝負。

最終以十三比四大比分獲勝，以連勝告捷。

比賽結束後回到下榻的飯店，源田的診斷結果出爐了。他在四局上防守時被換下場，然後直接送去了醫院。

診斷結果是右手小指骨折。飯店房間裡寂靜得令人窒息，渾身充滿著重壓。即使刻意吐氣，調整呼吸，心情也依然難以平復。

城石教練打電話過來。

「我跟小源談過了。他真的很不甘心。只是他說，以前手指也受傷過，也曾經彎曲過，所以自己感覺起來，繼續上場絕對沒問題。」

人在現場的城石教練也認為：「從骨折的地方來看，是滿有機會打下去的。」他拜託「請讓小源繼續上場」的心情，即使隔著手機，仍然清楚傳達到了。

我曾和他在日本火腿隊共事，他在比賽中也總是緊跟在一旁，因此對我的為人再清楚不過。該怎麼跟我說話，什麼事情又是不該說的，他對此無比熟練。他想表達的，正是「讓小源留下來吧」。即使不開口明講，我也知道他如此盤算。熱衷於關照選手思慮的城石教練，內心被源田的鬥志所打動了。

岸經理人也抱持著同樣的想法。他打電話給我說：「總教練，小源他一定沒問題的。」

我自己也有骨折的經驗。高中時代因為頭部撲壘，手指勾到壘包，造成大拇指第一關節向外彎曲。身為球隊王牌投手的我，即使在這樣的狀況下，仍繼續投球。當然，連甲子園都進不去的我，跟可說是日本球界之寶的源田，實在不能相提並論。然而，因為骨折的是小指，所以還是有辦法握球。打擊時則因為是左打，即使右手小指不方便，也還是能夠揮棒。

隔天，我跟源田效力的西武獅領隊渡邊久信，以及同隊的防護員聯絡。兩人都表示：「我們完全信賴小源，請照他的意思去做吧。」

源田至今為止的人生步伐，肯定足以讓周圍的人都對他保持絕對的信任吧。我對此感動不已。真誠面對棒球的他，這份了不起的態度，價值無可計量。

若是碰上主力選手骨折這種意外，內心可能會一片混亂，即使現實擺在眼前了也不肯面對。於是，我學習著收錄在《四書五經》的〈大學〉裡的「心不在焉，視而不見」之精神，讓內心冷靜下來，調整情緒，再好好地做出結論。我決定直接和本人談談。

我確信自己這次的判斷，將會大幅左右日本武士隊的未來。

二人同心，其利斷金

第一輪賽事第三戰為三月十一日對上捷克隊。這場游擊手改派中野拓夢。源田收到的最終診斷結果，指出他得花三個月才能傷癒。

賽前的練習，我特別仔細觀察源田。只看傳接球和T座練打的樣子，覺得好像還行。

練習後，我們兩人彼此交談。

「小源，還會痛嗎？」

「啊，已經沒事了。」

「不是，是問你疼痛的狀況如何了？昨晚睡得好嗎？」

「已經完全不會疼痛了。」

「沒有什麼動了就會痛，或者隱隱作痛的地方嗎？」

「真的，幾乎沒有任何疼痛。跟西武獅隊，以及防護員討論過了。我沒事了，可以的！」

不管我怎麼問，源田一概回答「沒問題」。就算列出十個繼續打下去的風險，他肯定也會說「沒問題」。雖然不算是雞同鴨講，但對話沒辦法更進一步。

我再次詢問他：

「我瞭解你都沒問題了。儘管如此，但你心裡是怎麼想的呢？」

「就算繼續上場，也不會因為骨折，影響到作為選手的表現，也沒有什麼後遺症。今天的比賽我能上場。」

源田該說的話，我都盡量問出口了。他直視著我的眼睛，說道：「為了日本武士隊，無論如何都想表現。我想盡我的全力。」如此一來，對話總算是接上了。

「不過啊，球團把重要的選手借給了我，站在這個立場，就得慎重考慮：讓骨折的選手繼續上場，對西武獅來說，或者對小源來說，這樣真的好嗎？」

源田對我的話表示理解，但他有自己的主張，彼此間有相衝之處。雖然不是激動的口吻，但真誠的話語裡頭更是飽含能量，帶有使人讓步的魄力。

「老實講，就算現在回到西武隊上，這一個月也什麼事都做不了，更沒辦法參與熱身賽。既然如此，那能讓我繼續待在這裡嗎？反正身體動起來也沒有什麼問題。」

我必須考慮到選手的未來，做出正確的決定。當這件事情在我的全身蔓延時，也讓我對源田壯亮這名選手，再度冷靜地做出評價。

我曾想成為這樣的球員。

我曾想培育出這樣的球員。

作為棒球人，自己的「芯」和源田的話語產生強烈共鳴。我忍不住脫口而出，問他：

「小源，我在日本火腿當了十年總教練，在這段日子裡，我就是想培育出像你這樣的球員。我想培養出有你這種想法的選手，然而，我卻沒有做到。為什麼小源你可以這麼堅強呢？」

聽到這些話的瞬間，源田的情緒枷鎖應聲而開，眼淚忍不住流下來。

「總教練，我至今入選過幾次日本武士隊，雖然也曾是東京奧運金牌的一員，但比賽中幾乎沒有上場。所以我決定，這次一定要能夠出賽，一定要拿下勝利，為此賭上一切。不管被交代什麼任務我都願意去做。我想在這次ＷＢＣ，好好地打一次球。」

觸碰到他毫無遮掩的內心，我的指針轉回到了森信三老師所指引的「分辨野心和志向」。

在我們生存的體育世界裡，往往將抱有遠大期望，想要不停汲取新事物的模樣，解讀為是在所謂「野心」的驅動下積極進取。我雖然也支持這一點，但也得要記得引以為戒，別讓自我顯示的慾望成為根本動機。

源田向我捎來的主張，不是野心而是「志向」。他想為日本棒球拼盡一切的信念，激烈搖動著我的靈魂。

並且，《易經》裡收錄的「二人同心，其利斷金」牢牢地刻在我的心裡。只要我和源田能夠同心，其威力就算是堅硬的金屬也能斬斷——這不是感情用事，而是相信如果是他，就會拼盡一切。相信他，全力支持他，內心的陰影隨之煙消雲散。

「好，我知道了。小源受傷這件事，我就把他拋在腦後！」我說完後，和源田來了個大大的擁抱。

盡可能不去辯解他人的中傷，也是人生修練的一種方式

雖然決定繼續讓源田續留陣中，但至少先在幾場比賽內避免先發，觀察他的狀況如何。同時，也持續做好少了他該如何應戰的準備。

十一日對上捷克，派上中野來擔任游擊手。能擔任內外野工具人的牧原大成，以及預計支援多個守位的周東佑京，也準備好以游擊身份出賽。

游擊手這個位置，可說是全體守備的起點。對本來不是這個守位的選手而言，沒有比這裡更困難的地方了。像WBC如此高水準的賽事，加上過度緊張，只要展露出一點不安，都可能被對手單點突破，大幅影響比賽。如果不能拿出「這個位置我沒問題，讓我來吧」的態度就無法勝任，但如今出現源田不在的緊急狀況，不

得不讓所有人去掩護這個問題。好在無論是中野、牧原還是周東，都拼命地做足了準備。

源田從宮崎集訓開始，就身為內野手的中心引領球隊。這份奉獻精神，和即使骨折也要留在隊上的氣魄，不只是我，也讓球隊全員產生共鳴。

少了源田確實很傷。然而，他的受傷卻是奇貨可居，讓球隊再度團結一心，向前邁進。

我反芻著自己從商管書中抄進筆記裡的話語，覺悟到接下來的日子為「人生修練的一大時刻」。

我能預想得到，讓骨折的源田留在隊上，肯定會招致反對的意見。如果被質問：「難道這就是為了勝利的最佳抉擇嗎？如果惡化的話該怎麼辦？」或許也沒辦法立刻回答。即使事先準備好說詞，但可能也會猶豫該不該說出口。

即使如此，當決定要留下他時，我已經不再猶豫。也不感到畏懼。

即使被怎麼說三道四，我也不會辯解。我將此視為鍛鍊自我的機會降臨，與批判和責備對峙。

在我們的日常中，有時會遇到想要辯解的時候。

不只是和誰的意見衝突，或者被指責有錯的時候；無論走在路上，搭乘電車或公車，和誰交流的時候，感情的指針偶爾會產生搖晃，總有想要自我正當化的念頭。有時只是為了展露情緒，就隨口掰些理由辯解，對他人的憤怒與不滿也可能產生變質。

既然覺得自己是對的，那麼就堅持主張便是。然而，要把自己被認為有錯的地方，一一進行解釋，可得耗費相當大的精神。

保持隱忍自重的心，需要的不是回嘴，而是忍耐。

這麼做，其實更能讓精神上的壓力不會那麼龐大。

無用之用

對上捷克的先發投手是佐佐木朗希。決定將先發交給達比修、翔平、山本由伸，加上佐佐木朗希後，接著安排由翔平對中國，達比修對韓國，朗希對捷克。

再次確認過比賽日程，和捷克的比賽在三月十一日。這天是距今十二年前的二〇一一年，東日本發生大地震的日子。

一想到災民的事，就深深感受到自己的無能為力。我幫不上任何忙真的很抱歉，我幫不上任何忙真的很對不起，雖然很想這樣傾訴，但說這些又有什麼意義呢……。

到頭來講，本來就不可能和所有災民對話。地震剛發生後，我越是思索，越感覺到腦中的空洞無邊無際。

我從接任日本火腿鬥士隊總教練的二〇一二年起，就希望透過棒球，盡量帶給他們一點元氣和勇氣。二〇一八年九月，我自己也經歷了北海道胆振東部地震。深切體會到應該為能夠普通地生活著一事抱持感激。

對於因為地震而遭遇重大變故的人們，棒球究竟能幫到什麼呢？

如果有什麼事是我能辦到的，那又會是什麼呢？

我們拼盡全力的演出，即使只有一瞬間也好，或許能讓災民忘卻苦難，露出笑容。我一邊這麼想著，一邊當著總教練，就在三月十一日的地震這天，首度迎來了正式賽事。

在這個呼喚著我們日本人特別情感的日子裡，生於受災地岩手縣陸前高田市的佐佐木朗希登場了。失去父親和祖父母，老家被海嘯淹沒的他，在球迷們的高聲應援下站上投手丘。雖然先發輪值是這麼決定的，但這簡直是棒球之神寫出來的劇本。那封上天交給佐佐木的信裡，寫著他要在這一天站上投手丘，他肯定也為此一直默默準備著。

我們人類並非因為自己想要，才會被生下來。在世上那麼多生物中，為什麼生而為人呢？只能說是上天的安排吧。

中國古代的思想家莊子曾提出「無用之用」的概念。指乍看雖然沒有用的東西，其實當中隱藏著巨大的功能。

日本武士隊第三場比賽在三月十一日舉行，或許並不是大會有意為之。然而對我們而言，在這一天進行賽事深具意義，而讓佐佐木先發這件事，又再加深了一層價值。我解讀為這是棒球之神給他的訊息，替他加油的意思。

若是稍微擴張解釋「無用之用」，似乎是想告訴我們，不要被常識和先例束縛，判斷說「這個沒有用」，而是想辦法找出它的可能性。

「至今為止都是這麼做」的前例主義，以及「這個就是這樣」的固定觀念，能讓事情得以順利進展，是無論工作還是唸書，被時間追著跑時，最能發揮效率的作法。但正是如此，更不能忘記，提醒自己「無用之用」的教誨。

言行，君子之樞機

佐佐木首度在日本武士隊的正式賽事中登板，就是這場對上捷克的比賽。強化試合和正式賽事有很多看似雷同，卻不太一樣的地方，儘管他好像活力十足，但恐怕還是相當緊張吧。他讓一棒打者擊出右外野飛球，三振了二棒打者。就在輕鬆拿下兩出局，覺得「沒問題，可以的」瞬間，三棒打者就敲出了二壘安打。

即使是日本職棒的選手，都沒辦法輕易應付佐佐木的球。沒想到打者竟然沒有輸給一百六十三公里的快速球，紮紮實實地咬中了。

這是捷克隊首次在WBC出賽，十日對上中國的第一戰，他們以八比五拿下勝利。雖然他們都是業餘選手，得一邊從事其他工作一邊打球，但絕對不能夠小看他們。下一位打者雖然敲出游擊滾地球，但因為中野的傳球失誤，讓二壘跑者回來得分。

將捷克的攻勢鎖在一分後，下半局首位打者努特巴爾、二棒近藤都遭到三振。三棒翔平則打出一壘滾地球。三位狀況不錯的打者被三上三下。

碰上中國時一直沒辦法擴大比分，碰上韓國則是達比修被先馳得點。前兩戰讓人充分理解到，在國際大賽，到底會發生什麼事情都難以預料。儘管抱持著在休息室裡，無論什麼狀況都不動搖的覺悟，但第一局的攻防，讓打國際賽究竟有多困難的感覺，第三度襲捲而來。

第二局壓制捷克隊沒失分。下半局的攻擊在村上被三振後，吉田安打、山田哲人保送、山川穗高安打，形成一出局滿壘。然而，第八棒中野拓夢打出二壘飛球，九棒甲斐拓也擊成三壘滾地球出局，無法將滿壘的跑者送回來。

三局下的攻擊從第一棒開始。努特巴爾出局形成一出局後，近藤敲出二壘安打，翔平則揮空三振下場。

這就是棒球。我告訴自己：總之得先忍耐、忍耐。不要慌、不要慌、不要慌。

四棒村上選到保送延續機會，兩出局一、二壘有人。此時，五棒吉田敲出適時二壘安打，二比一逆轉比數。接著山田也補上安打，拿到第三分。

四局上半中途佐佐木退場，由宇田川來接手。下個半局靠著努特巴爾、近藤、翔平的連三支適時安打，加上吉田的高飛犧牲打，再多添了四分。

第五局雖然讓捷克拿到了第二分，但下半局牧原敲出適時安打。五局結束比分為八比二。

城石教練問我：「要不要把翔平換下場？」應該是考量之後的比賽，覺得應該可以讓他休息。我回答說：「先不用，現在比賽氣勢很好，先別破壞這樣的氛圍，再努力一下吧。」

在當日本火腿總教練的時候，關於翔平的調度作法，大前提是「總之別勉強他，別讓他受傷」。因為必須在投手和打者兩方面二刀流全力發揮，所以如果比分拉開了，就有必要指示他去休息。我非常瞭解城石教練的意思，不過翔平在大聯盟打了五個球季，身體強度變得更高，檔次完全不一樣了。

想要讓比賽走向變得更明確，就得繼續保持正面迎戰的架勢。接下來雖然還要跟澳大利亞交手，四天連賽才會結束，但到再之後的比賽之間就有間隔能休息。

這天對上捷克，以及明天對上澳大利亞，都集中精神應戰，以此迎向八強賽。我相信是翔平的話，現在也想要全力拼戰。

再補充一點，在我們已經掌握比賽局勢，也就是所謂順境的時候，我認為更應該「把小事當成大事」。雖然已經提過水戶光圀公所說的「小事謹慎處理，大事處變不驚」，另外還有澀澤榮一先生在《論語與算盤》中，曾寫到「許多失敗都是在得意的日子裡顯現」，也是相同的意思。

如同得靠累積小事來完成大事，重大失敗也往往來自小地方的閃失和錯誤的判斷。《易經》曾記載「言行，君子之樞機」，總教練的一舉一動，都會對球隊造成好或壞的影響。發言和行動時不能不保持慎重。

「機」有著徵兆的意思。必須一球一球全神貫注，不要錯失變化的徵兆。

這裡的關鍵在於「小事」。如果不在乎小事，就沒辦法察覺徵兆。無論是工作、唸書，還是家事、育兒，都不要怠惰於在小地方積累。與同事、朋友和家人一起相互砥礪，期盼讓人生一點一滴地變得更加豐富。

拿出樣子來！

對捷克八局下又多添兩分，最終十比二拿下勝利。

考慮到往後的比賽，第三任投手宮城大彌的功勞可說是價值連城。第一輪賽事雖然有六十五球的投球限制，但他從第五局投到第九局*，一個人吃完了這些局數。

雖然他的球質水準，以及指尖感覺有多敏銳，品質是有保證的，但需要擔心的，是和國外主審的契合度。他將決勝的滑球壓在好球帶邊緣極限時，是不是能夠獲得青睞呢？牛棚教練厚澤和幸對此也感到擔憂。但他面對十六名打者，僅被敲出兩安打，並投出七次三振，繳出無須挑剔的投球內容。

第四章

WBC第一輪　貫徹

ＷＢＣ中不只有投手球數限制，還加上如果連兩天投了三十球以上，就必須強制休息一天的規則。宮城一個人能夠丟滿五局，讓往後比賽的投手調度更游刃有餘。

他在所屬的歐力士猛牛隊擔任先發，適不適合擔任後援，得實際嘗試才會知道。從這一天的投球表現來看，讓他往後持續擔任後援也沒問題。

二十一歲的佐佐木、二十四歲的宇田川、二十一歲的宮城，這三位年輕投手連線，拿下的這場比賽勝利，在到最終決賽的七場比賽過程中相當關鍵。同時，佐佐木於三月十一日在世界舞台上正式亮相，也深具意義。

這次與捷克的交鋒，有一個場面不得不提。

捷克在四局上半進攻時，佐佐木的球丟到打者膝蓋。超過一百六十公里的速球直擊，被觸身的打者應聲倒地，整個人跌在地上。雖然我也很擔心有沒有怎麼樣，

＊ 日文版原文為「第四局到第九局」，經日方同意以官方紀錄為準修正局數。

不過他慢慢地站了起來，往一壘方向前進，接著跑向右外野邊線，並且衝刺回到一壘，確認膝蓋的疼痛程度。

威廉・艾斯卡拉（William Escala）這位選手，獲得東京巨蛋的觀眾們熱烈鼓掌致意。我自己也在休息室裡拍著手。

讓人看到拼盡全力的樣子，就算是對手也會感到佩服。站上WBC這個決定世界第一的舞台，捷克選手們使出渾身解數，充分展現了他們有多麼喜歡打棒球。當中能感受到在我們小時候，開始接觸棒球的那份清新。

不管賭上多大的事物，不管對手有多麼強大，都不能忘記要全心投入。捷克讓我們見識到棒球的原點、打球的原點，我為此深深感激。

在擔任日本火腿隊總教練的時候，我常對選手們說：「拿出樣子來！」

無論打擊還是守備，每一個動作都盡力去完成。保持每顆球都鍥而不捨的靈魂和心思，就會讓選手們的樣子自然浮現，觸動到許多人。總而言之，就是有在用心，才會出現的模樣。

職棒球隊裡的每一位選手都身負使命，必須讓人看到高水準技術、力量，以及彼此合作無間，高明的團隊戰略等等。然而，若是沒有在技術中注入熱情，就沒辦法觸動到觀眾的心。

工作和唸書也是，在面對關鍵事物時，我們總會有「能順利進行嗎」的不安，或是擔憂「如果失敗了該怎麼辦」。

比起在意結果，首先得拿出全力向前的姿態。不是問說會順利嗎，還是有困難嗎，而是集中精神，盡自我全力去挑戰。

這麼做的話，會變得如何呢？

緊繃的身體能夠放鬆，腳邊也漸漸地湧出力量。

順帶一提，投出觸身球的佐佐木，在打完澳大利亞隔天的十三日，拜訪捷克隊的宿舍。他給了艾斯卡拉選手一個裝滿零食點心的塑膠袋，還送給他簽名球。或許除了想再次表達歉意，同時也謝謝捷克，讓他看到棒球的原點吧。

第五章

浩然

身負責任感，沒有悲壯感。

繼承前人之志更加奮起。

就算錯失良機也別慌張，等待下次機會。

無論什麼狀況都不示弱的勇氣，能喚來更多聲援。

共鳴的心，讓人勇氣倍增。

身為長者，不能只是獨善其身，還必須保持容納群眾的度量，同時具有一旦事情發生時，能夠挺身而出，保護下屬的一身俠氣

在捷克戰前接受採訪時，被問到了關於栗林良吏的問題。一些媒體傳出他身體不適的消息，我也說明：「他的腰拉傷了，目前暫停投球中。」

效力於廣島東洋鯉魚隊的栗林，在大會前的強化試合三度登板，狀況調整得越來越好。他是廣島隊的絕對終結者，二〇二一年東京奧運也擔任後援投手。原本打算在WBC也把後防交給他，但從開幕起，他就說腰部不舒服。

從對中國到對澳洲是四天連戰，不過打完澳洲到八強賽之間有三天間隔。雖然考慮過等到八強前，看他的症狀會不會改善，但換人是有期限的。儘管試著去詢問能不能放寬一些，但被回應「規則就是規則」。

為了管理選手的健康狀態，有請十二球團派遣防護員幫忙。廣島的防護員苫米地鐵人，詳細規劃了到康復為止的時間表。

就此，我們之間彼此共享了一些問題點。

受傷的地方在腰部。

平常這時期在打熱身賽，身體並未達到能百分之百投比賽的狀況康復的話，因為WBC狀況特殊，得需要盡全力地去投球。

宮崎集訓被緊張感所包圍，本來就加重了選手的疲勞。

四強和決賽辦在佛羅里達，要飛十三、十四個小時的飛機。

就算傷勢好轉，準決賽可以投球了，但這麼一來等於中間有十四天沒登板過。這樣突然又開始投，復發的風險很高。

不管是從什麼角度分析，都得到「不該勉強他」的答案。確實，栗林從宮崎集訓開始，就懷抱著一決勝負的心態準備，因此無論如何都想讓他投球。在這種心情下，雖然很想盡量等到他傷勢改善，但抉擇的時刻迫在眉睫。

我直接聯絡了鯉魚隊的球團本部長鈴木清明。這球季他們由新任總教練新井貴浩領軍，想要一口氣往上衝。可以料想得到，如果王牌救援出了狀況，影響絕對相當巨大。

鈴木本部長問我：「我有收到球隊防護員的報告了，總教練你自己看過後，覺得狀況如何？」

我盡量冷靜地答覆他：「本部長，我考慮好幾天了，覺得為了阿栗，應該讓他離開比較好。在這個狀態下站上投手丘，風險真的太高了。」

無法確認能在比賽中發揮多少實力的情況下，一下子就讓他在四強和決賽的重壓中登板，實在非常危險。站在向所屬球隊借取重要選手的立場，我的判斷認為，實在不能將栗林送上投手丘。

我覺得讓他退出比較好的理由，應該有傳達到鈴木本部長的心中了。在瞭解這樣的前提下，他對我說了：

「總教練，你能想個辦法，幫栗林實現心願嗎？」

我的心頭為之一震。

擔任北海道日本火腿隊總教練時，我對自己有幾項要求。其中一點是「絕對不要操壞投手」。野手雖然能夠勉強到一定程度，但是投手只要稍微一次拼過頭，就可能讓棒球人生完全終結。我心裡想著一定得好好調度，絕對要盡量迴避可能受傷的狀況。

針對投手調度，無論哪位總教練都會非常慎重。即使如此，鈴木本部長還是靜靜地，要求著「實現他的心願」。可以感受到他身為球隊的管理階層，長年為棒球界盡心盡力，以及有多麼為了棒球界、日本武士隊著想的心思，和他把選手擺第一的態度。

鈴木本部長對栗林的心意，滿溢而出的溫情，激烈地打動了我的心。然而，不能被情緒左右。我痛心地告訴他：

「我瞭解了。我會好好根據鈴木本部長的這份心意考慮看看。最後請讓我下決定，並且告知本人。」

被球隊告知應該尊重本人的意願，也看得出栗林的為人吧。讓人知道即使出了球場，他們的做人處事也是超一流水準，這放在栗林和源田身上都說得通。

在與栗林談話時，我心裡不斷覆誦森信三老師的「長文心得」。這段「一旦事情發生時，能夠挺身而出，保護下屬的一身俠氣」，深深在我心中擴散。

認同栗林即使忍耐著傷痛，也想要對球隊勝利做出貢獻的心情，做出對他最好的決定。下達別讓他未來蒙上陰影的抉擇，就是森老師所說的「挺身而出」這回事吧。當然，也別忘記在栗林遭到批判時，得讓矛頭不要對著栗林，而是轉向往我這邊來才行。

森老師寫下「一身俠氣」，指的是不要忽視痛苦和弱勢的人，願意幫助他們的氣魄。雖然也有人說是「男子氣概」，但母親對孩子的慈祥，姐姐對弟弟妹妹的照顧，也和俠氣相當類似。

由此來看，森老師的「長文心得」是每個人內心都該具備的，不分年齡和性別。

總教練室傳出了敲門聲。

栗林走了進來。

做得到的人，不能因此一意孤行

當初說腰不舒服的栗林，無論後續進展是好是壞，表情總是愁眉苦臉。然而，這一天他卻看似很正常地走了進來。

進到總教練室的栗林，用冷靜的語氣說著：「目前很順利。這樣的話應該可以按照進度，開始牛棚練投了。」為WBC賭上的決心，果然絲毫沒有動搖。眼光散發出強烈的決意。

我心中的答案，很快就出來了。安撫、激勵、慰勞……將腦袋浮出的這些通通一掃而淨，而是慢慢地，清楚地告訴他。

「阿栗，我就直說了。雖然真的很抱歉，但得請你退出球隊。考量到往後的日程，從你上一次登板到準決賽，中間隔了整整十四天。既然你無法先確認在實戰中能夠發揮多少，我認為你很可能會投得比原先更用力。如此一來，受傷的風險實在太大了，可不能讓阿栗這樣站上投手丘。阿栗的心意也都傳達給了球隊的大家，恐怕沒有必這更令人懊悔的。然而，絕對不能太過勉強。這次退出球隊的事情，希望你能諒解。」

「……………」

我的宣告，肯定讓栗林痛徹心扉。他什麼都沒說地站在那邊。

日本代表性的作家五木寬之曾說：「人在真正悲傷的時候，只能去向身邊的人尋求慰藉。」對阿栗而言，現在正是「真正悲傷的時候」。在他接受前，我會一直待在那等他。

栗林無法啟齒。他肯定想說些什麼，但卻咬緊牙根忍著。

這個模樣激起我內心的波濤。「為什麼，為什麼就非得讓栗林離開不可呢？」這樣近似於憤怒的情緒，不斷地刺在心頭。明明是自己下的決定，內心深處卻無法冷靜下來。

過了一陣子，栗林才終於開口：

「我瞭解了。造成困擾真的很不好意思。」

看著他沒有不平不滿，一句抱怨也沒有說，眼睛濕潤低下頭的姿態，讓我想起了超過十年前的回憶。

在我剛接北海道日本火腿鬥士隊總教練時，總教練室的黑板上寫著：「做得到的人，不能因此一意孤行！」雖然這不是句故事成語，也不是什麼名人佳句，但我還是把這句話寫進了筆記中。

在組織裡獲得職位，能做的事情就變多了。如果漸漸能夠下達直接影響組織的決定，那麼就能強行通過自己的意見了吧。

正因如此，更不能夾帶私心。為了組織，為了部下，這判斷是正確的嗎？得是即使從部下的角度，也認為這是必要的事情，才能去做。否則，就會讓組織陷入機能不全之中。我是這麼解讀「做得到的人，不能因此一意孤行」這句話。

雖然往後還是想和栗林一同奮戰，但為了讓日本武士隊登上世界第一，換選手才是最好的選擇。

如果不是像體育運動，會嚴重操勞自己身體的情況，或許就會被溫情所動搖吧。即使如此，更應該深思熟慮。

知至至之，可與幾也

目前為止，日本武士隊取得了三連勝。不過每個國家分別還有剩餘賽事，並沒有完全確定能夠進軍八強。

這一天對上的澳大利亞，他們首戰以八比七擊敗韓國，並以十二比二打敗中國。雖然去年十一月的強化試合對他們取得二連勝，但是當時他們是在開季前，狀態還沒調整到位。這回經過好好調整，預估比賽會比較難打。

這場賽事是本次整個賽會裡，唯一一次擔任客隊。日本選手歷來在WBC賽會中，穿著深藍與紅色交間的客場球衣形象相當鮮明。首次披上這件球衣，我自己的心情也煥然一新。第一次在比賽中先攻，讓人想從第一局就掌握先機。

結果，第一棒打者拉斯．努特巴爾選到保送。外國球員雖然比較喜歡出棒上壘，但他徹底利用選球眼，將球隊擺在第一優先。

二棒打者近藤健介敲出安打串連後，三棒的大谷翔平讓東京巨蛋全體沸騰。他首次在WBC轟出右外野全壘打，第一局就先馳得點拿到三分。

站上投手丘的，是第四位先發投手山本由伸。我收到吉井理人教練報告，說他賽前的狀態「並不是太理想」。即使是在二〇二一年、二〇二二年拿下太平洋聯盟投手五冠王的他，還是難免會感到緊張吧，不過他依然在第一局投出三上三下。

二局上半的攻擊，八棒打者中野拓夢敲出左外野安打上壘，再靠著九棒打者中村悠平的犧牲打進佔三壘。接著努特巴爾敲出中外野安打，形成四比零。近藤又補上一支二壘打，努特巴爾安全跑回本壘得分，五比零。

山本由伸投到四局上半，繳出僅被打出一支安打、投出八次三振的漂亮內容。雖然他從第一局就投得精彩，不過在賽後受訪時，他說：「多虧一局上打線幫忙打下三分，讓我可以冷靜地面對比賽。」

如果是山本的話，就算是零比零的僵局，應該也能在比賽中慢慢調整，好好壓制對手吧。即使如此，能夠取得先機，減輕投手的負擔，依舊相當關鍵。特別又是國際賽事，先馳得點更具份量，在八強賽之前再次確認了這回事。

四局又多添一分，五局也拿了一分，領先擴大為七比零。每一位選手都發揮了自己的特色，全心投入在攻守表現上。

然而，正是照著自己理想順利前進的時候，更有可能因為一點契機，讓整體走向翻盤。在比分拉開時，更應該細心應戰。我打開心中的筆記本，翻到《易經》裡「知至至之，可與幾也」那一頁。

不要看漏一點點徵兆，好好解讀其中的含意，將之應用在全盤局勢，找出下一步該怎麼走。老練的漁夫，即使在晴空萬里的日子，也會因為看到山邊的一朵雲，預知到暴風雨的到來。在這個局面下，正是考驗我該如何解讀比賽流動。

中國元代的戲曲《琵琶記》裡的「好事多磨」*為日本人所熟知，越是事情順利進展時，越是可能會在沒想到的地方卡住。無論是工作、唸書，狀況正好時更該隨時警惕，提醒自己別讓「魔」靠近了。

利西南得朋，東北喪朋

五局開始接替上場的第二任投手高橋奎二，也投得相當不錯。

隨後大勢、湯淺京己、高橋宏斗接力，在這四場比賽中，除了栗林良吏以外，所有投手都有給到上場的機會。

目前打完四連戰，到下一場八強賽之前相隔三天。接著是移動到美國，間隔三天打準決賽，再隔天打決賽的日程。

選手們從二月十七日合宿第一天起，神經就相當緋緊。雖然有餐會等等輕鬆的時候，但內心不可能完全放得開。

打完澳大利亞後，我允許大家可以先離開飯店，回到自己家中。我希望他們能和家人相處，好好重整身心，迎向之後的決戰。

賽後會議結束時，達比修有提議全員一起拍攝紀念照。這是為了栗林著想。所有選手站上球場，以栗林為中心按下快門。

＊　日文原文寫成「好事魔多し」。

從宮崎集訓到今天過了三週，這段時間過得真的非常紮實，發生了各種大大小小的事。過程中，選手和隊友之間互相體諒、扶持，一同奮戰，一天比一天更加團結。源田壯亮留下，栗林離開的現實，選手們都能夠諒解。

不只栗林，為了WBC開賽前就退出的鈴木誠也，為了幫我們加油的球迷各位，絕對要讓這支球隊獲勝。雖然球隊目前都順利地拿下勝利，但也有為了調整而煞費苦心的選手。如果在母隊的話，就能一邊比賽一邊微調，但在日本武士隊沒有這種餘裕。在有限的投球與打擊的機會中，得想辦法把狀況調整到位。必須仔細觀察選手至今的狀態，考量之後的比賽該如何調度。

在八強前的三日空檔，腦袋重新整理的時候，這一天我記下了《易經》裡的「利西南得朋，東北喪朋」。

接下來是輸球就打包的淘汰賽，和第一輪賽事完全不同。我要求自己，要以「與已經習慣的環境訣別，開始新的挑戰」之心境，面對往後的戰役。

如果進一步解釋這句話，就能得出「不只是和自己熟悉的人一起行動，更應該投入新環境。如此一來，才能促進自我成長，讓周圍的人得到幸福」。

不要停在舒適圈，而是不畏懼失敗，試著迎接挑戰。無論是在升學、就職或轉職，當處在人生交叉口時，希望能夠咀嚼這番話。

修辭

第一輪賽事在三月十三日全部結束，四連勝的我們拿下分組第一，三勝一敗的澳大利亞分組第二，雙雙進軍八強賽。

比賽對手來自A組第一輪的球隊，古巴、義大利、荷蘭、巴拿馬、台灣都是二勝二敗並列。結果，對到的是第二名的義大利隊。

義大利隊的總教練，是前大聯盟的麥克．皮耶薩（Mike Piazza）。開拓日本人挑戰大聯盟之路的野茂英雄，在道奇隊的投捕搭檔，就是這位皮耶薩。

在野茂轉戰大聯盟的一九九五年，我曾以記者身分跟著道奇隊跑。當然，也多次訪問過隊上的主力重砲皮耶薩。時隔許久，和皮耶薩同為總教練互相對陣，特別覺得有緣又令人懷念。

義大利隊隊伍裡頭有很多是義大利裔的美國人，也有翔平的隊友大衛・弗萊契爾（David Fletcher）。混合了大聯盟以及旗下的小聯盟選手，終於可以說要和大聯盟級的球員交手了。

與義大利比賽前的這三天，我在思考村上宗隆的事情。他在二〇二二年風光拿下中央聯盟三冠王，二〇二二年十一月和澳大利亞的強化試合，也由他擔綱四棒重任。

然而，從二月集訓開始，他的狀況就一直在低點徘徊。WBC前最後一場強化試合對上歐力士隊，刻意把他從四棒移到六棒。思維是希望他能從不同的角度出發，客觀去看待自己，從中獲得刺激。

第一輪四場比賽都讓他打第四棒，但十四個打數才兩安打，並沒有完全發揮。

也沒有任何全壘打。

能夠強烈感受到為了球隊，他很想做些什麼。雖然決心十足，但不代表狀況就能變好。

《易經》記載「屯，剛柔始交而難生，動乎險中」。在新事業開展，或者進行大計劃時，過程中總是會遇到意見參雜等等的難處。但它告訴我們，不要因此產生挫折，應該繼續向前邁進。現在的村上正是嚐到了苦惱的滋味，只要掌握到一個契機，打擊肯定就能開始發揮，我正等著這樣爆發的契機。

近年棒球已經有所改變，不再那麼重視四棒打者。在大聯盟，長打率加上壘率「OPS」高的打者，有時會安排在第二棒。雖然考量打線的想法有很多種，不過我還是堅持該讓村上扛下四棒。對我個人而言，這是最值得信賴、放心的選項。

作為一個棒球人，會覺得就算輸球也好，但就是想讓他打四棒打到最後一刻。這是為了村上好，也是為了日本棒球的未來好。然而，身為日本武士隊總教練，徹底求勝才是我負責的工作。

總教練的職責是「小善如大惡，大善似無情」。

對村上而言，真正的溫柔是什麼呢？正是因為相信選手，所以必須得考量到結果而做出行動。

對於狀態一直處在低潮的村上，有時翔平和吉田正尚都會建議他「可以這樣做喔」。他們都相信村上絕對具有潛力。他們也認為，只要村上的狀態得以恢復，就能夠奪回世界第一，並在這個想法下行動。

得幫助村上發揮實力，抹去他「抱歉沒辦法照著自己理想樣子揮棒」的負面情緒。為此，必須貫徹「小善如大惡，大善似無情」的態度。

再來，則是如何進行表達。

如果我本來就是某支球隊的總教練，村上則是隊裡的選手，我大可故意直接更改棒次給他刺激，讓他能夠恢復。然而，我們並沒有平常一同奮戰的經驗。只能盡可能細心，避免產生誤會地，來傳達我的意圖。

職棒球隊住宿的時候，總教練和球員往往住在不同樓層，不過這回都安排在同一樓。如果我叫村上來我房間，其他選手或許會察覺到。讓人誤會教練特別關照誰可是禁忌，因此透過經理人，用ＬＩＮＥ進行通話。

思考該說什麼的我，腦中浮現了「修辭」兩個字。

現在常把「修辭」當成如何把語言雕飾得更精美的意思，但《易經》裡的修辭，其實指「用簡潔明瞭，能夠輕易理解，產生效果的語言傳達想法」*。

上司和部下，老師和學生之間，往往會被稱呼為是「師傅與弟子」的關係。長時間一同分擔苦樂的兩人，彼此間都能夠心有靈犀。這點或許在家人之間亦同，都有「不需要靠言語表達」的時候吧。

我不否認這一點，然而，擅自認為「即使不說也能明白吧」，在某些狀況可能會招致誤會。我自己也常在心中提醒，表達時要好好掌握一字一句，面對他人時保持「修辭」的意識。

---

* 原文為「修辭立其誠，所以居業也」。

伊朗諺語曾說「被槍彈擊中的傷口可以治療，但是被言語造成的傷害無法痊癒」。要仔細注意遣詞用字，這點不管在哪個時代，哪個國家，都是一樣的。

我告訴了村上「會把打序往後排喔」。他肯定非常懊悔，感到咬牙切齒，身體不聽使喚吧。

即使如此，他還是很快地回答「我知道了」，並活力十足的說：「總教練，今天也要贏！」我感覺這份率直，會加速他的進化。

八強賽對戰義大利，便以四棒吉田、五棒村上應戰。平時將主力打者棒次往後調的時候，往往不會只降一個，而是一次調降兩、三個棒次。然而，我依然決定讓狀況好的吉田從五棒變四棒，和村上進行對調。這當然是即使狀況不好，但還是期待村上，認為他肯定能有所表現。

無欲速，無見小利，欲速則不達，見小利大，大事不成

決定要更動村上棒次的時機點，在對戰義大利當天的中午前。從打完澳大利亞的那一晚開始，就一直不停地思索、思索、思索著，直到內心總算拍板定案，已經是這個時候了。

常言道：對於努力竭盡所能的人，神明大人也會出手幫忙。我自己實踐「盡己所能」時，確實感受到神力相助。

比賽結束當晚回到飯店房間，我盯著天花板，想像著各種可能的場面，模模糊糊地翻著筆記的空白頁面，不停地絞盡腦汁。即使如此，依然沒有得出答案，就這麼躺下迎來了早晨。總算在一邊輕聲呻吟，陽光射入眼簾時，才恍然大悟：「啊

啊，就是這樣。」每次要找到自己的答案，都得花上不少時間。

有時無論如何去想，都沒辦法得出自己能夠接受的解答。即使如此，還是需要思考，等待，再多想想。或許有時會覺得好像已經沒有那麼在意了，但也不能就此停止尋找答案，也不能急著做出結論。

《論語》教誨「無欲速，無見小利，欲速則不達，見小利大，大事不成」。

不能想著立刻就要看到成果。

不能被眼前的利益所束縛。

如果勉強要求結論和成果，就無法達成目標。

還有得靠「小善如大惡，大善似無情」和「小事謹慎處理，大事處變不驚」來突破的部分。透過擔任日本武士隊總教練，我也學到了這些。

不要忽視小地方，在時間允許下深掘、思考，找出對團隊最好的選擇。

自省而言，覺得想要不慌不忙實在很困難。還需要更多時間，但被追著跑的時候，總是會想要急著得出結論。

在各位的日常生活中，或許也有類似的場面吧。

在工作進展過程中，出現了兩個選項，而必須研究該挑哪個才好時，會因為得優先抓緊時間，而在充分蒐集比較條件之前，就先下了決定。

雖然限時特價能買到便宜的商品，但如果不是馬上需要的東西，或許就可以說是「見小利」招致的失敗。

比起小利、眼前的利益，什麼對組織、對自己才是好的，需要花時間才能做出必要的判斷。從結果來看，這樣才不會徒勞無功，使得效率更好。

諸君，發狂吧

接下來是一場定生死的比賽。贏了義大利就能進軍美國，輸球的話就地解散。

負責張羅場下事務的經理人，預先做好了各種準備。在球員更衣室的白板上，一次寫好贏球和輸球後的行程表，但我跟選手們這麼說：

「請忘記輸球之後的事。我們不會輸。要打贏義大利，大家一起前進美國。」

人類會被想像力驅使。如果腦中存有輸球時的資訊，就可能在不知不覺間，思考漸漸地被引導到那個方向。雖然對經理人不太好意思，但為了消去那樣的念頭，才會放話說「要贏球進軍美國」。

賽前集合，公布今天的先發名單。

「一棒中外野，努特巴爾！」

「有。」

「二棒右外野，近藤！」

「有。」

「三棒投手，大谷！」

「……………」

因為他是這一天的先發投手，或許已經先去準備了。他沒有應聲這件事暫且就不追究。後來經過瞭解，才知道翔平原來跑去廁所了。在這場輸掉就沒了的關鍵比賽扛下先發，連他都感到緊張吧。

接下來我繼續說：「四棒左外野，吉田！」

「……………有。」

稍微等了一下，才聽到他的答覆。或許他沒料到會改動棒次吧。變更打序這件事，我只跟阿村本人和打擊教練吉村禎章說過而已。

如果包含吉田在內，所有球員都沒想過調動棒次的事，反而更能傳達出我的意圖。至少，肯定能感受到我的覺悟。

宣布完五棒三壘村上，六棒一壘岡本，七棒二壘牧，接著是第八棒。

「八棒游擊，源田！」

休息室裡的氣氛瞬間改變了。當源田的「有！」一聲響起，彷彿像是陽光普照一般，明顯感受到房間裡充滿快活的氣氛。源田眼裡的光芒猶如反射，讓大家的眼神、表情也都為之一亮。選手們「就是這樣，總教練，沒錯，讓小源一同奮戰吧」

的心聲，迴盪在整個休息室。

決定讓源田續留球隊開始，就一直相當注意他練習的動作。他的傳球完全沒問題，打擊也正常，簡直像是如果沒特別講，根本不知道他骨折了。

雖然他本人說：「傳球慢慢地有力道了。」不過問他會不會痛，他肯定不會開口承認。雖然一定會痛，但我從前一天的練習時，就決定讓源田回歸先發。

當賽前廣播公布選手名單，喊出源田的名字時，東京巨蛋的歡呼聲彷彿讓大地震動。他熾熱的靈魂，點燃了諸位球迷，瞬間為日本武士隊注入一股巨大的能量。

江戶時代後期的思想家兼教育者吉田松陰，曾經有句名言「諸君，發狂吧」。能夠做到讓旁觀者難以置信的熱情和行動，這種人應該多多疼惜。松陰說，不能只是照著理智，而必須保持熱情而行動。

在迷惘著，無法下定決心行動的時候，我們的心彷彿被五花大綁，難以從中掙脫。這時容易根據常識，被逼著比較得失，最終行動又回到「照平常的作法」、「維持原樣」。

如果把從未改變的事物當成是「自己都這樣做」，那麼就沒辦法改變一成不變的現況。劃出舒適圈，或許能夠讓人安心平靜，但就會遠離了雀躍的心。

為了不讓只有一次的人生懊悔，或許該像是發狂一樣，徹底投入於什麼之中。松陰所擔憂的，是人們不再勇於挑戰吧。

幸福最初會以不幸的形式造訪

三月十六日，和義大利的八強賽開打了。

翔平先發，達比修順利接手贏下比賽，前往美國。瞄準這進軍準決賽的最低目標，必須從第一局開始就使出渾身解數。

一局上半登場的翔平，從第一球開始，他就對打者吼出聲音。大到整個球場都聽得到的音量，以及他火力全開的姿態，至今為止從未見過。如此猛烈的氣勢，顯然是要告訴球隊「不管怎樣一定要贏」。

翔平到第三局為止，讓計分版上都是掛零。三局下半的進攻，讓比賽有所變化。一出局後，近藤保送上壘，翔平偷點成安打串聯。他讓對手大感意外而產生失誤，擴大了得分機會。

如此解讀比賽的水準，是翔平獨有的。他出色的直覺，能夠明白為了勝利該怎麼做，對手討厭的又是什麼。

四棒吉田雖然打出游擊方向滾地球出局，但同時近藤跑回本壘，拿下一分先馳得點。

接著村上選到保送，兩出局一、二壘有人，輪到六棒岡本。他此時敲出全壘打，追加三分形成四比零。

四局兩隊都沒有得分，迎來五局上半。翔平用球數超過六十球，球路開始慢慢高起來。雖然讓首名打者敲出內野滾地球出局，但接下來觸身球和被安打讓對方上壘，並在兩出局滿壘後，遭適時安打狙擊失掉兩分。他從第一局就全力燃燒，握力可能已經下滑了。

考量到球數，此時決定換下翔平。當前往投手丘，告訴他「辛苦了」時，他似乎很不甘心地說：「抱歉。」

四分領先被追到剩兩分，就這麼被換下場。如果繼續被追趕下去，主動權就會落到對方手上，他也瞭解這一點。

能不能進軍美國，此時可說站在巨大的分歧點。

發現戰況開始不穩的剎那，我切身體會到了隱岐的聖者永海佐一郎博士曾說的「幸福最初會以不幸的形式造訪」。

只要挺過義大利追趕而來的攻勢，最後一定能夠獲得巨大的幸福，也就是能夠拿下勝利這回事。

如果做負面思考，就會讓不安和憂慮躲藏在心中。心裡的不安越是膨脹，就會讓純白的心，染成了灰色甚至黑色。

我們是軟弱的人類。得對軟弱有所自覺，告訴自己：「幸福最初會以不幸的形式造訪喔。」

時中

第二任投手交給了伊藤大海。他雖然在日本火腿隊擔任先發輪值，但二〇二一年的東京奧運曾當過中繼投手。這次WBC對上中國，他在第九局登板，飆出兩次三振，啪的一下就解決了半局。

兩出局一、三壘有人，這時最該避免慎重過頭而投出保送，讓危機繼續擴大。伊藤非常少有這種作繭自縛的情形。而且他到目前為止，狀況確實都維持得相當好。在壘上有跑者的時候，他解決危機的功力相當了得，能毫不畏懼地大膽進攻。即使對決第四棒打者，他還是讓對方打出游擊飛球。這一出局對球隊來說價值連城。

義大利的反擊止於兩分。五局下半，首棒打者翔平選到保送上一壘，吉田觸身球擴大機會。此時輪到五棒村上，他抓第一球攻擊，敲出一發適時的二壘安打。六棒岡本也打穿右中間，再補上兩分。如此一來就是七比二了，完全掌握了比賽的主導權。

七局首名打者吉田轟出右外野全壘打，形成八比二。再來村上連兩打席都敲出二壘打，源田補上安打串聯拿下第九分。

今永昇太投第六局，第七局開始交給達比修，九局派上大勢，投手完美地接力演出。儘管第八局被轟全壘打，仍以九比三獲勝。

翔平、伊藤後夾了個左投今永，再由達比修接手，這是為了讓每一位投手投起球來都能更輕鬆。

我們的目標是打倒美國，成為世界第一。為此，必須贏下八強賽前往美國。正因如此，才會一次派上翔平和達比修，無論如何都要搶勝。

賽後我們立刻包機飛向美國。在匆忙移動的過程中，我想起《易經》裡所說的

「時中」這個道理。

所謂的時中，就是在「時」之「中」，訴說當下該如何採取行動。棒球會因為一球完全改變戰況。因此不只一、兩步，而是在三、四步之前的瞬間，就該提早預測各種可能發生的狀況。要不早不晚，在最合適的時間點出手，這可不是件容易的事。

時可以說是「時間」，也能說成「時機」或者「時季」。在一年四季都謹慎而行，就是「時中」的精神。

無論諸位社會人士，還是各位學生，亦或是每位家庭主婦，都過著忙碌的日子吧。恐怕連喘口氣的時間都擠不出來。

如果感到「好像累了」，就請在步道一隅、公園、陽台、校園、廣場，抬頭看看天空。請全身沐浴著陽光，傾聽鳥語，品味花香。在現代人壓力龐大的生活裡，更該仔細想想「時中」。

第六章

決戰邁阿密　磨練

磨練技術，磨練肉體，
磨練心靈，掌握機會。
懂得知足，不為缺憾嘆息。
期待已久的決戰，終於揭開序幕。
解放一切技術、體力、智慧，
對峙明星軍團。
好，上吧！

軟弱、罪惡和愚蠢，彼此相互關連

戰勝義大利的我們，在過凌晨的十七日上午兩點五十分，從羽田機場包機，前往美國東南部佛羅里達州的邁阿密。飛行時間約十三個小時，因此大概在當地時間十七日上午過三點左右抵達。

雖然機場空空蕩蕩，但行李卻一直沒有出現。我們在行李轉盤前等了好一段時間，除此之外也沒辦法做什麼。感覺選手們並沒有因為長途旅程而疲累，靜靜地等待行李。

在警察的護送下，從機場搭乘巴士前往飯店。這一天沒有安排全體練習，讓大家各自活動。

與在日本時相比，最大的差別在飲食。

雖然主辦單位採取美式作法，提供餐費讓球員自己去找東西吃，不過我還是事前拜託了當地的日本料理店協助。將餐費使用在店家上，請他們送便當來到球場。既然一心為了勝利，什麼都應該去做。

我們抵達美國的十七日，晚間七點是波多黎各和墨西哥的八強賽事。隔天還有美國對委內瑞拉的八強賽。

雖然也考慮過要不要去龍帝霸公園球場（LoanDepot Park）觀戰，不過兩場比賽幾乎都爆滿，為了能夠冷靜地觀戰，於是選擇在飯店看轉播。

二〇一三年、二〇一七年WBC挺進到決賽的波多黎各，陣中聚集許多在大聯盟活躍的好手。第一局雖然馬上取得四分先馳得點，但在第七局四比二領先時，被墨西哥拿下三分逆轉吞敗。在這場賭上國家威信、沒有武器的戰爭裡，打出了驚人的氣勢。

隔天十八日由美國對上委內瑞拉，也是激烈無比。後攻的委內瑞拉到第七局為止，都還保持七比五領先。但美國在第八局，靠著崔亞·特納（Trea Turner，效力費城費城人隊）的滿貫全壘打，把比賽要了回來。

關於WBC這個賽會，像是賽制該怎麼進行等等，總是有許多正反看法。即使在美國國內，意見也多有分歧。不過，這些大聯盟選手們拼死奮戰的樣子，確實相當撼動人心。

投手投出的每一球，都飽含著整隊球員的心意。兩隊裡的每一個人，到比賽結束之前，都一刻放鬆不得。所以不到最後關頭，都不知道誰會拿下勝利。

看到如此執著的棒球，肯定誰都會被感動，從座位上不由自主地站起身來，為安打、全壘打和精彩的投球，報以熱烈的掌聲。

雖然我們作為當事者來到邁阿密，不過親眼看到這些棒球的美好，內心也深受震撼。同時，當準決賽對手確定是墨西哥時，即使還苦於調整時差，但對比賽的想像也逐漸鮮明起來。

在WBC開賽之前，就一直被說會在準決賽對上美國隊。因為這樣的報導，讓我自己也以「準決賽和美國隊交手」為前提進行各種準備。

然而，十六日和義大利隊比賽前，和主辦單位人員見了面。根據在美國開打的小組賽結果，使得準決賽日本和美國不會碰頭。因此確定想要實現日美對決，只有決賽才有可能。

對於幫日本武士隊加油的各位，或許會想吐槽「早說，為什麼不早說」。當對方解釋為這是日本方面資訊翻譯出錯時，我也想說：「沒有吧，沒這回事吧。」

不過，不是只要抱怨，就能夠改變規則。既然如此，乾脆立刻重整心情，想辦法去努力。

森信三老師曾說過：「軟弱、罪惡和愚蠢，彼此相互關連。」「所謂軟弱是一種罪惡，軟弱的善人是不行的。另外，沒有貫徹智慧的人，最後終將淪於軟弱。」

我們日本武士隊雖然被美國主導的規則給愚弄了，但如果只顧著抱怨和憎恨，就會讓思考停止，也能說是逃避現實，無法帶來任何建設性。

既然如此，還是得儘早切換心情，向前邁進比較好。森老師所說的「貫徹智慧」，應該理解成不要因為軟弱，流於口舌之辯，而是該好好思考如何善後，重新鋪路。

在轉換心情時，或許也能給自己一點小小的獎賞。像是喝杯喜歡的咖啡，在自家周圍散個步，和朋友聊聊天。這些看似微不足道的事情，能夠讓內心的景色煥然一新。

誠者，天之道也。誠之者，人之道也

抵達美國的第二天，我們到大學進行練球。由於還在調整時差，又是久違的練習，因此就慢慢來，氣氛還算輕鬆。都來到這裡了，只能全力以赴，這般乾脆的想法有正面效果，感覺讓選手們身心都不會那麼緊繃了。

隔天十九日，則是登上大舞台龍帝霸公園球場的前一天練習。

對我而言，有一些必須明確做出抉擇的事情。

首先是達比修有。

身為大聯盟選手的他，從宮崎集訓起就和球隊會合，且比起自己的調整，他把更多時間花在照顧其他隊友，帶領著日本武士隊。他是聖地牙哥教士隊的先發樑柱，此時本來是還在慢慢拉長投球數的時期。然而，他先發對上韓國投了四十八球，對義大利是第四任投手，投了二十七球，以大聯盟開季的標準考量，這樣的調整是不夠的。

雖然達比修自己告訴我：「我自己會在牛棚補足投球數，沒事的。」但也必須顧慮到他自己的二〇二三年賽季。

時間倒回到幾週以前。

在結束宮崎集訓，前往名古屋的時候，傳來教士隊開幕戰投手人選喬·馬斯葛洛夫（Joe Musgrove）在訓練中骨折的消息。

達比修和馬斯葛洛夫是球隊兩大看板先發。收到通知的他，考慮到如果連自己都不在，球隊輪值就會開天窗，因此討論到有可能得離開日本武士隊。

如果達比修離隊，不只是先發缺了一角，球隊更會失去精神支柱。那可就令人頭疼了。我好幾次差點脫口而出「拜託你不要離開」，得拼命把話往喉嚨裡吞。然而，達比修從宮崎集訓第一天開始，就將自己至今為止的經驗、技術和熱情，奉獻給了日本武士隊。如果還想再要求他更多，只能說是我的任性。

於是我告訴他：「達比修，我瞭解了。你隨時想要回去都沒問題。決定好了再跟我說。」

《易經》裡記載「美在其中，而暢于四支，發於事業，美之至也。」告訴我們要重視謙虛、柔和、柔順和包容的精神。

考量到達比修為了球隊貢獻這麼多，那麼他無論做什麼決定，都應該謙和地、柔軟地、率直地、感激地從內心接受它。這正是我應該對他展現的「誠」。如果能這樣去思考，就能抵達《中庸》裡「誠者，天之道也。誠之者，人之道也」的境地。

我們打從出生起，內心就自然具備了「誠」。能夠誠實、誠意地去待人。當對方為了自己，願意花上時間和精力時，除了要以誠回報之外，同時也別只是作為被動的一方，而是身體力行，展現出自己的「誠」。

回到達比修的話題。

我自己做好了他在首輪賽事第二戰投完韓國，就會離隊的覺悟。不過，在與教士隊溝通幾次後，他最後決定繼續留在隊上。

為了回應他的「誠」，我也做出提案。

「決賽後再過十天，就是大聯盟賽季開幕。所以四強和決賽基本上不會派你上場，將這段時間拿來做好和教士隊會合的準備吧。」

抵達美國後，看他的調整狀況相當順利。然而，還是擅自會猜想達比修的內心某處，是不是有著「想跟美國一決勝負」的情緒，因此最後補上一句：

「不過，如果你覺得回復狀況超乎預期，想要趕快投球的話，就說一聲。」

你能用彩色描繪出實現的畫面嗎？

投手群的今永昇太，在準決賽前就請願「讓我擔任決賽的先發」。因此，雖然從準決賽起，投手都得全員待命，但唯有他是以決賽為目標準備。

接著是大谷翔平。

如果贏下準決賽，最後和美國決戰，就會讓投手總動員。由於打算讓投手進行短局數車輪戰，到比賽尾盤壓力肯定會相當巨大。

在這裡會需要的，是和大聯盟選手們有對戰經驗，具有曾壓制過他們的實績，能靠著這底氣穩住陣腳的人。

我相信日本武士隊選進來的投手，無論是誰，都能夠對付得了大聯盟球員。然而，他們在心態上或許會有落差。現正於大聯盟奮鬥的翔平和達比修，正因為瞭解他們的實力，所以不會輕易被打爆吧。

在接任日本武士隊總教練時，就已經醞釀要在決賽尾盤，讓翔平和達比修接續投球的計畫。雖然和投手教練吉井理人和牛棚教練厚澤和幸取得共識，不過並非決定「就這麼辦」，而是且戰且走，找尋可能性到最後一刻。

翔平他所有打席都打好打滿，因此不能勉強他去投球。達比修也一樣，必須在身體狀況許可的狀況下，讓他站上投手丘。目前狀況是這樣。

邁阿密氣候很溫暖，比起日本更好活動筋骨。選手們在練習時心情似乎不錯，翔平也在牛棚旁，跟帕特里克．桑多瓦爾（Patrick Sandoval）聊天。身為天使隊隊友的桑多瓦爾，預計將在墨西哥準決賽先發登板。

和翔平詢問桑多瓦爾的特徵，他先描述：「很勇於對決，狀況好的話不容易被打爆。不過，有時會因為突然保送而崩盤。」接著又說：「我去拿一下球棒，等等回來。」結束了我們的談話。

翔平人整個消失在休息室，翻譯水原一平告訴我：「其實他和天使隊討論了很多。」球隊應該是希望不要勉強他，想確認他的想法如何。我跟一平說：「那麼，我來稍微跟他談談。」便等著翔平回來。

在北海道日本火腿鬥士隊的時候，我和翔平或許看起來有如師徒關係，大家都以為我們彼此間有聊不完的話題。但實情並非如此，我們之間只最低限度地說些該交代的話而已。

即使在這個節骨眼，我也只問他：「翔平，身體狀況還好嗎？」他則回答：「可以，還行。」

「有累積疲勞嗎？」

「沒事的。」

「所以感覺是能上囉？」

「可以吧，就再看看身體的延展大概能到什麼程度而已了。」

就這樣講完了。他也沒說跟天使隊究竟談了什麼。既然如此，那還是別問比較好吧。我也就不提起這塊。

即使如此，我能肯定如果贏球進軍決賽，他會站上投手丘。

結束簡短的對話，翔平回歸練習。他看起來似乎心情很好。越是能夠盡情地活動身體去打棒球，他越是開心、愉快。

在將迎來WBC收尾之際，我腦海裡的畫面也越發清晰。

那天夜裡，打開筆記本的我，寫下稻盛和夫的名言。

「你能用彩色描繪出實現的畫面嗎？」

準決賽以這樣的陣容出戰，這樣的過程贏球。接下來決賽用這樣的陣容應戰，如果搶得先機就這樣，僵持不下就這樣，必須追趕的話就那樣，想像各種不同的演變。就在不斷累積，想要這樣那樣的時候，心願就會化為現實的輪廓，變得越來具體，黑白畫面漸漸染上色彩。

森信三老師的《修身教授錄》有提到，要注意「人不能不全力以赴」，告訴我們「是不是能夠挺過考驗，人與人的差別就在這裡」。

雖然整體的七成或七成五都很辛苦，但即使已經筋疲力盡，也該在倒下前竭力奮戰。它告訴我們，這份努力就是決勝關鍵。

如果真的倒下了，或許會讓公司的同事、家人和朋友們感到擔憂，但在人生勝負之際，或許正需要付出這種等級的努力才行。

我自己腦海中的畫面，不只上了色，還變成一段彩色影片。準決賽前夕的我，腦中清楚浮現了拿下冠軍瞬間的影像。

剛毅木訥，近仁

準決賽對上的墨西哥，和至今為止的對手完全不同。

他們在首輪賽事靠打擊轟垮美國，以小組第一之姿進軍八強賽，並且逆轉打敗波多黎各。可以說他們掌握了短期決戰中最需要的氣勢。

整個球場被墨西哥球迷淹沒。氣氛有如足球賽來到客場一樣，不過實際上的主客場怎麼算，取決於球隊目前為止的勝率。拿到全勝的我們穿上主場球衣，擔任後攻球隊。

先發輪值的四人之中，翔平和達比修已經在八強賽投過了，所以這場派出佐佐木朗希和山本由伸搶勝。

先發交給了佐佐木。投手在站上投手丘前，有自己的一套準備模式，先發投手也會在賽前進行遠投。而第二任以後的投手，就沒辦法在比賽中遠投了。其他能做的準備也都有所受限，有的投手節奏就會因此被打亂。

另外，第二任開始的投手，必須考量到有沒有後援的經驗。因此讓曾當過後援投手的山本安排為第二任投手，先發交給佐佐木。

一站上投手丘的他，就接連飆出威風八面的球。他用快速球讓墨西哥的攻擊關鍵人物，首棒打者藍迪．亞羅薩倫納（Randy Arozarena）揮棒落空三振。第二棒打者擊出左外野飛球出局，第三棒打者三振。第一局將比分壓在「零」，確實頗有佐佐木風格的開局。

比賽一開始，客場的氛圍就越來越重。感覺全場都在幫墨西哥加油似的。

我不知道選手的實際感受是如何，自己倒是覺得好像還滿能適應的。雖然幾乎聽不懂西班牙語，但跟東京巨蛋沒什麼不同，沒有散發出會綁手綁腳的氣氛。

墨西哥隊的先發一如預料是桑多瓦爾。雖然在天使隊時，他有時會突然投出保送崩盤，但這天從第一局開始，就接連投出相當優質的球。他連續三振了拉斯・努特巴爾、近藤健介和翔平三位打者。

我覺得連續三振三人這樣的開局，其實沒有什麼特別的價值。越是狀況顛峰的時候，越是可能遇上類似亂流的狀況。還在帶領日本火腿鬥士隊時，曾經想過如果被三上三下，那最好是連續三個三振，如此一來，或許更容易讓對手產生空隙。

二局上半一出局被攻佔一、二壘，但是靠著雙殺守住。下半局的攻擊，吉田擊出中外野安打上壘，但這時我們也打出雙殺打，三人出局結束攻勢。

第三局墨西哥、日本都三上三下。經歷了可說是勢均力敵的開場後，比賽在四局上有了動靜。雖然我們前面很快地抓到了兩出局，但接下來球被打到守備佈陣的空檔形成安打，再來一顆球在三壘後方幸運落地，形成兩出局一、二壘有人。

此時輪到第六棒路易斯．烏瑞亞斯（Luis Urías），變化球跑到了很甜的位置，被他一棒扛上左外野觀眾席。這失分方式，簡直是所謂一顆球就風雲變色。

我們的打線也具有得分能力。零比三落後的四局下半，製造出兩出局一、三壘有人的攻勢。和墨西哥幾乎碰到同樣的狀況。

站上打擊區的是村上宗隆。至今已有好幾次類似局面，都希望他這次總該回應期待了吧，畢竟這樣才像是村上。但他和第一打席一樣慘遭三振出局。

如果在墨西哥先馳得點後立刻還以顏色，就能夠扳回比賽的走向。村上肯定也非常瞭解這一點，所以被三振絕對相當不甘心吧。因為是責任感強烈的選手，只期盼他接下來的打擊不要胡亂揮棒。

我自己的心境宛若《論語》中的「剛毅木訥，近仁」。特別有意識地強調「剛」、「毅」這兩個字，正面迎戰墨西哥不畏懼，耐心挺住這個苦難邁向勝利。

雖然這次錯失了得分機會，但第四局的攻勢，會延續到第五局之後的進攻。

不，是一定會。我的工作就是引導球隊朝這方向前進。

森信三老師的《修身教授錄》裡也寫著「正面和負面互為表裡」。訴說表面上看起來不幸的東西，盡頭藏著深奧的真理。而深奧的真理，就是能夠連接到下次機運的關鍵。

不是只有體育場上會錯失機會。在這種時候，總是容易產生負面思考，並垂頭喪氣、自我責備。但是，機會不會只有一次。或許雖然不會立刻顯現，或者比第一次更為艱難，不過能挽回的時候肯定會到來。

這時，絕對要避免再次錯失良機而懊悔不已。我張開雙手，好好抓緊機會，將憤怒牢牢鎖在拳頭裡，不要再去想它，為下一次契機做好準備。

天時不如地利，地利不如人和

五局上半更換投手，把佐佐木換成山本。他一開場就出色地三振首名打者。這一局也把分數鎖在「零」。我緊盯著戰況，希望投手陣拼命纏鬥的時候，能夠一分一分要回來。

五局下半的攻擊，從第六棒的岡本和真開始。他相中第二球出棒，把球掃向左外野，畫出一道拋物線。

有了，出去了！

就在休息室球員都衝出去的剎那，左外野的藍迪．亞羅薩倫納，硬是把這顆該過大牆的球攔截下來。他是墨西哥的關鍵人物，讓他乘勢而起可就麻煩了。接殺後的他，擺出了墨西哥球迷很熟悉的「雙手抱胸得意臉」招牌動作，讓球場氣氛漲到最高點。

對我們來說，這可真是讓人不舒服的氣氛。

接下來山田打出一壘安打，源田壯亮選到保送，形成一出局一、二壘有人。

在這個勝負的關鍵，我派出牧秀悟代打第九棒的中村。墨西哥也當機立斷進行換投。

雖然是期待適時一擊的時候，但牧打出內野滾地球出局。這球護送跑者進壘，形成兩出局二、三壘有人。下一位打者努特巴爾選到保送，兩出局進佔滿壘。

這時輪到近藤，他打出左外野飛球出局。雖然擊球點相當不錯，但打進了亞羅薩倫納的守備範圍。

六局上半墨西哥的攻擊，山本投出三上三下。用球數也不多，保持不錯的投球節奏。

第六局的攻擊從三棒翔平開始，他打出左外野安打上壘。四棒吉田敲出內野滾地球出局，第五棒村上連三打席吞下三振，無法有效串聯。即使如此，岡本和山田都選到保送，形成兩出局滿壘。

這次的WBC，保送有很高的機率能創造得分。

打者是源田。不惜骨折也要上場的他，如果能打出漂亮的一擊，就能夠讓球隊士氣大振。首先拿個一分也好。只要一分，就能改變氣勢。

但、但是……。就是缺了那一擊。四局、五局、六局壘上都有跑者，但卻沒辦法送回本壘得分。

比賽的流向，完全朝著會輸球的劇本走。

攻守交換的短短時間裡，我腦中閃過各種各樣的話語。

我拿《易經》裡的「窮則變、變則通」叮囑自己，並以《論語》的「力不足者，中道而廢。今女畫」，喝斥自己不要劃地自限，不要低估了我們的力量。再來，腦中浮現了《孟子》的「天時不如地利，地利不如人和」。

上天給了我們奪回世界第一的好機會，但母國較近的墨西哥或許佔有地利。然而，日本武士隊團結的力量，正是在如此艱難的比賽中得以發揮。

幾者，動之微，吉之先見者也

不要慌亂。能挽回的機會一定會到來。然後，氣勢一定會扭轉。

多動腦，多動腦。不要急，不要急。

在休息室裡掌握戰況，徹底發揮知識、經驗和解讀能力，不要放過好機會。

第二任投手山本在七局上半投出變相三上三下。他連一支安打都沒被打，讓計分版持續掛上「零」。完全感受不到他應付第二任先發有什麼難處。即使被領先了，還是能夠穩住陣腳，替我們製造節奏。

這半局一出局一壘有人時，打者遭到三振，一壘跑者嘗試盜壘。雖然判決安全上壘，但因為時間點有些微妙，因此要求重播輔助判決。在確認過影片後，成功改判變成出局。游擊手源田巧妙地抓到跑者的動作得以觸殺。

總之能做什麼都去做。再來，就是等待天命降臨。

七局的攻擊開始。首名打者是第九棒甲斐拓也，腦中一度閃過換代打的選項。然而，即使這裡先不行動，還是會有一次機會。第九局會再輪到甲斐一次，我判斷如果要代打的話，也應該在那個時候。

甲斐和第一棒的努特巴爾出局，近藤安打上壘。這時墨西哥把場上的右投手換成左投。

喬喬・羅梅洛（JoJo Romero）這位投手球路尾勁不錯，投球動作對左打者而言也不好應付。即使如此，翔平還是選到保送，形成一、二壘有人。

四棒吉田這一天有兩支安打的表現，但是左打對左投的情況下，要對付羅梅洛可不容易。然而，就在這艱困的場面，他立下了大功。

在球數被領先時，他靠著巧妙的球棒控制，把一顆刁鑽的變速球撈起來。被他巧妙帶起來的球，飛到了右外野標竿附近。

自己在從休息室的位置來看，無法判定這顆球在界內還是界外。然而，看到墨西哥右外野手低下頭的樣子，讓我知道這是一發全壘打。

三比三追平！心中的大石終於能暫且放下了。

而且竟然是把那種球路，用那種打法，打到標竿的內側！不誇張，吉田的揮擊讓人佩服地五體投地。如此藝術般的全壘打，深刻烙印在我的瞳孔深處。恐怕不可能忘得了吧。

形成三比三同分，比賽又回到了原點。又能夠好好集中精神面對比賽了。

在這個時候，自己又在想些什麼呢？

回顧筆記，在該行動的時機點，有著心神如明鏡止水的自己。

《易經》裡反覆寫著「徵兆」的重要性。包括《栗山筆記》第一章裡介紹過的「履霜堅冰至」，以及同書第五章介紹的「知至至之、可與幾也」，還有「幾者動之微。吉之先見者也」。

「幾」指事物發生的徵兆。事物在有所動靜前，肯定會出現預兆讓人察覺。

為了能夠看透徵兆，現在正是必須集中整頓的時候。因為稍微卡住了，想要轉換心情，自己鬆懈下來，把手伸向手機瀏覽社群網站，就會削弱集中力。無論工作還是唸書，除了放鬆之餘，更重要的是在需要集中時，專注在眼前的工作和課業，眼神不要渙散。

忍的極致

從五局開始登板的山本，八局進入到個人第四局的投球。由於狀況相當不錯，不只第八局，或許九局也能交給他吧。

然而，就在比分追平後，戰況馬上又有了變化。八局上半一出局後，他被亞羅薩倫納敲出二壘打。接著二棒打者也擊出二壘打，比分落後為三比四。

接著又再被打出安打，形成一出局一、三壘有人。

該繼續交給日本武士四本柱的山本嗎？

還是換上二〇二二年拿下中央聯盟最優秀中繼投手的湯淺京己呢？在阪神虎隊

擔任佈局投手的他，擁有能夠應付這個局面的膽識。

總之，這是想要拼三振的時候。我告訴山本：「不好意思，得換人了。」越是替選手著想，越得往結果會如何去考量，這是我必須貫徹的誠意。而且這也是日本武士隊的作戰方式。絕對要避免慢一拍的狀況。

換上場的湯淺三振了第一位打者。然而，下一位打者打穿三游之間，失掉一分。比分變為五比三。

得追趕兩分的八局下半，墨西哥隊換了投手。

首位打者是岡本。在無論如何都希望能先上壘的局面，他靠著觸身球站上壘包。接下來七棒打者山田哲人也跟著敲出安打。

山田也入選過二〇一七年WBC和二〇二一年的東京奧運，曾以日本武士隊成員的身分出戰。雖然他是經驗和實績兼具的選手，但自認這幾年沒有留下理想成績，這回相當慎重地考慮到底要不要參賽。在選人的過程中，他挑明地問：「以我現在的狀態，真的有辦法做出貢獻嗎？」

我自己認為「哲人的話肯定沒問題」。身為日本武士隊的一員，將目標擺在世界第一，能對他帶來相當大的刺激。我相信這也可以變成他在養樂多燕子隊復活的契機。

結果，他在這場墨西哥戰繳出兩安打的好表現。在越是艱困的戰局下，他越能發揮應有的實力。

無人出局一、二壘有人，輪到八棒源田。這裡希望能用短打確實推進。然而卻一直沒有點好，形成兩好球兩壞球。

考量到源田的腳程，即使打出內野滾地球，形成雙殺的可能性也不高。然而，比賽只剩下兩個半局。如果不在這裡推進壘包，精神上的壓力會越來越大。

森信三老師的《修身教授錄》裡，有著「忍的極致」的教誨。

「忍」就是忍耐、堅持、挺住。雖然也有忍受的意思，但如果這麼想，就會沖淡「耐」的部分。久而久之視為理所當然，讓身體漸漸失去「耐」的感覺。

對源田比出繼續短打的暗號，有「忍耐」和「覺悟」的必要嗎？雖然是會大幅左右比賽的局面，但我腦中浮現著源田成功的畫面。不是黑白，而是色彩繽紛的。我認為這之中含有「忍的極致」。

就決定繼續短打了，告訴他拼到最後一刻。

源田再度端出短棒，觸擊成功形成一出局，二、三壘有人。此時換上山川穗高，代打第九棒甲斐拓也。在最佳場面派上了最好的代打人選。

他在第二球出手，球像子彈一樣噴向左外野。雖然只靠著高飛犧牲打拿下一分，不過追到一分差，進入最後半局的攻防。

未濟，亨

九局上半，派出了終結者大勢。一出局後，對方打成游擊後方落點不好處理的飛球。源田以往後仰的姿勢接殺了這顆球。

「絕對不要放棄任何一球，拼了命也要追到，懂嗎?大家，一定要拿下這場比賽喔！」

他這記漂亮的守備，裡頭也隱含著這樣的訊息。

雖然兩出局後，因為觸身球讓對方上壘，但隨後用三振結束攻勢。

好的，來到最後半局進攻了。當對方派出終結者時，焦慮、恐怖、困惑等情緒，總會融成一團襲捲而來。然而，這次狀況卻不一樣。

腦中完全沒有差一分落敗的畫面。雖然沒有明確的根據，但是大家絕對能夠辦得到，這想法在我心中昂然挺立著。

聚集了三萬六千名觀眾的球場裡，彷彿只有我置身於寂靜之中。也許，我進入到了被稱為「了悟」的境界。

首位打者是翔平。如果他能在這裡打出來，就一定能夠追上、逆轉。但如果他出局，可就大勢不妙了——也許大家幾乎都是這麼想的吧？

翔平將偏高的第一顆球，乾淨俐落地打到中右外野落地。我在心中不停地轉動手臂，默唸著三壘打、三壘打，給我三壘打。稍微有點太貪心了，最後形成無人出局、二壘有人的得分機會。

翔平在二壘上高聲怒吼，休息室的大家也回敬翔平。

下一棒是吉田。他第一球就仔細選球，選到一顆壞球。雖然是轟出全壘打之後的打席，但他不會硬要出棒。一好三壞時，他又選了一顆壞球，靠著四壞球上壘。

這時我派出周東佑京代跑吉田。準備好只要出現安打，就能一口氣衝回本壘逆轉。

下一位打者是村上。他今天目前為止四打數無安打，還吞下三次三振，內容並不理想。

因為是無人出局一、二壘有人，是個可以考慮短打推進的局面。我去詢問了內野守備、跑壘兼作戰教練城石憲之的意見。

「阿牧他可以嗎？」

城石停頓了數秒，回答：「是！」不是「是」或「……是」。

此時，板凳上還能用的野手，就只剩牧原大成一人了。我在九局上半時，原先跟城石教練說：「如果下半局有兩位跑者在壘包上，就換上牧原短打吧。」雖然城石教練也在事前告知牧原了，不過他的反應好像不太理想。

這或許也是理所當然的。第八局的攻擊，源田短打曾經兩度失敗。即使是一直有在出賽的源田，要成功短打都很困難。牧原更有可能不習慣代打時做短打。回顧自己的現役時期，在代打要負責短打的時候，更是倍感壓力。

就在兵荒馬亂之中，想著接下來該怎麼做時，我突然對著自己來個當頭棒喝：

「你在擔心什麼呢！」

應該相信村上，把這個局面交給他吧！

在這個所謂勝負之「際」的時候，如果不冒著風險的話，就沒辦法獲得巨大成果。剩下來，就交給棒球之神決定吧。

對方投手吉奧凡尼・加耶哥斯（Giovanny Gallegos），球路偏高了起來。第一球打成界外，第二球則是壞球。接下來的第三球，快速球進到了很甜的位置。猛烈的揮擊聲，迴盪在整個球場。犀利的擊球越過了中外野手頭頂，打在全壘打牆上。休息室所有選手都跳出場，每個人的右手、左手，都不停地繞著圈。

翔平，快衝回來！周東，快衝回來！好、好、太棒啦！

阿村，打得太漂亮了！

竟然有這種結局嗎？這種收尾方式，誰都料想不到。

從他之前的打擊內容來看，很難想像得到竟然會在這時神來一棒。然而，他卻打出致勝一擊。村上真是了不起的打者。

即使比賽結束回到飯店，一身熱血沸騰仍沒有退去。興奮感一直伴隨左右。但雖然這麼說，心情倒是非常冷靜。

在九局下半時，還以一分落後。平常的話會感到焦慮。然而，這一天可說是一點焦慮的感覺都沒有。一點也不覺得慌張。或許可以說是比起情緒，使命感放在更前面吧。

或者，這就是《易經》裡「未濟，亨」的心境。所謂未濟，指尚未完成或成熟之時。「未濟，亨」指的是從未完成到完成的過程中，頓悟到自己的缺陷和不成熟，開啟了通往完成的道路。

村上雖然在二〇二二年賽季拿下三冠王，但他仍有許多可以成長的空間。在找到自己的不足之處後，他能成為更厲害的打者。我認為讓球隊拿下勝利的再見安打，肯定給他看到了新的希望吧。

結合人生的答案

抵達美國這幾天，就一直被時差所困。即使身在美國，人體時鐘卻還是日本時間，從一早就開始聽著音樂。

平常雖然會在賽後聽音樂，但是白天要考慮當天比賽的事，基本上都是安靜地過，所以對我來講算罕見情況。我不停播放著佐田雅志的〈案山子〉，以及中島美雪的〈騎在銀龍的背上〉。

我從學生時代就在聽佐田雅志先生的歌。回想起當時渴望成為職棒選手的自己，現在竟然當上了日本武士隊總教練，在棒球發源國和美國一決勝負，不禁感慨萬千。

中島美雪女士出身於北海道。我因為住在北海道，使得這首歌至今為止已經聽過無數次。每當聽著〈騎在銀龍的背上〉，總會深切感到自己身為總教練的笨拙和不足之處，陷入自我厭惡之中。此時另一個自己，就會覺得這樣不行而奮發向上，咀嚼眼下的幸福瞬間。

我從小學時開始投入棒球，中學時代曾和美國的隊伍交手過。雖然印象中我方是關東聯隊，對方是單一球隊，但記得他們還是讓人感覺到「好強啊」。

在那之後，無論是高中、大學，還是進入職棒，就沒有能在大舞台盡情打球的記憶了。一直都遇上瓶頸挫折，只能想著總有一天，總會有一天，然後揮著球棒，追逐著球。

從受命接任日本火腿隊總教練開始，總算能夠站上舞台奮鬥，徹底埋首於喜愛的棒球中。然而，勝負的世界相當嚴格，最後三年屈居於B段班，合久必分般地結束了總教練生活。

森信三老師曾說：「一切事物都有價值。」在苦中學習，為了站上夢想舞台揮灑熱情，竭盡才智向前邁進。

對我而言，總想要站上夢想舞台，看看會遇見什麼不同風景。年歲越是增長，這樣的念頭越是強烈。現在總算來到WBC決賽這個夢幻舞台，能夠和美國一決勝負了。

正是許多前輩們追趕著美國大聯盟，想要超越他們，日本棒球才有今天。正是先人們開疆闢土，為我們踏實了這條路，我們才會被棒球所吸引，投入其中，為此拼上人生。

正因如此，可說是黃金般的大好機會擺在眼前，可不能逃避。

二〇二三年一月一日的筆記裡，我寫下「WBC會成為結合人生的答案」。擔任日本火腿隊總教練的這十年，究竟代表什麼呢？藉由在WBC奮戰，或許也能找到這些煎熬所帶來的意義吧。得把這個答案確實感受，牢牢刻在記憶裡。

終於，這一天來臨了。

留下課題

在四強到決賽之間，有一些必須解決的事情。

其中之一是村上的棒次。

我所看到的彩色現實裡，出現了以「四棒村上」打倒美國的畫面。翔平和吉田都累積了豐富的經驗，不管調到第幾棒，都能夠絲毫不被影響地扮演好自己的角色。我希望透過WBC，讓二十三歲的村上能和他們平起平坐，因此打算由他擔綱四棒讓球隊獲勝，讓他自己得以更上層樓，成為引領日本棒球界的存在。

雖然他的狀況還沒有完全調整到位，但前一晚的再見安打，絕對是一個好轉的契機。

對他而言，最好的作法是回到四棒呢？還是繼續打五棒呢？即使到了深夜還是無法得出結論，鑽進被窩了還在煩惱著。

直到隔天早上醒來，腦袋清醒的時候，我才找到答案。第四章曾談過澀澤榮一先生的「真心努力過的人，成功或失敗不過如同身上的碎屑」，從中讓我感覺到，應該別太拘泥於讓他在這次的WBC就要功成名就。

再加上我決定拿出「大善似無情」的態度，考慮到讓村上留下回不了第四棒的遺憾，對他這位選手的未來更有幫助。

雖然將他從四棒降到五棒時，曾經用LINE電話通知過，但這次只傳訊息告訴他「照原樣安排在第五棒。替阿村留下課題」。

即使在決賽打出精彩表現，還是留下了「不是四棒而是五棒」這個事實。沒做完的課題，會是成長的種子。雖然有「結果好就好」的說法，然而對於剛入社的員工，以及還在成長的體育選手來說，給他們到下次任務和大賽的作業，也就是課題，會比較理想。

那正是，成長的養分。

慎獨

決定好打序之後，接下來是投手。

先發派出今永，並且進行密集的車輪戰。依據投手現在的狀況，來安排投球的順序。

再來則是翔平和達比修。

翔平的話，從兩天前的談話看來，我相信他一定會上的。

達比修的話，就只能等待了。

進到球場後，投手教練吉井前來報告。

「總教練，達比修說『我沒問題』。順序該怎麼排？」

和兩人談過之後，決定讓達比修投第八局。翔平基本上安排在第九局登板，但得看打序怎麼輪和比賽的狀況，第七局以後都有可能上場。最後怎麼辦，等到比賽前和本人談過後才決定。

二〇一六年洋聯季後賽決賽第五戰，翔平曾以後援身分上場投球。他飆出日本人最快的一百六十五公里紀錄，締造三上三下結束比賽。該場賽事他雖然以指定打者身分出賽，但是因為牛棚離休息室很近，可以一邊觀察狀況，一邊暖開肩膀。

這回牛棚在左外野後方，就不能如法炮製了。

調查過休息室和牛棚的動線後，找到可以不用踏進球場內，就能抵達牛棚的路徑。雖然有大概十公尺會經過觀眾可進入的範圍，至少先確認了這條動線是能用的。

再來，就是翔平該怎麼熱開肩膀。賽前有很多東西要忙，練習中找不到慢慢商量的空檔。匆忙中告知他說牛棚和局數的事情，翔平用一派輕鬆，卻又堅定的口吻說了：

「沒問題的。我會自己想辦法熱開肩膀，請不用擔心。就配合總教練的想法投第九局。」

這正是百分之百的翔平作風。和我腦中的畫面完全重疊，沒有一絲差池。

如果戰況形成落後，就不能勉強達比修和翔平上場。就算是開始追趕了，最多也只能差一、兩分而已。

一定要保持領先殺進尾盤。無論如何都要接棒給他們——心中浮現了這樣的話語。

在準備迎接比賽時，岸經理人給我看了張手機照片。那一幕是翔平給今天預訂上場的投手，觀看美國打者的影片，並且解說他們的習慣和對戰策略。不去倚靠誰，而是翔平自己想要幫上大家，所以才有此舉動。

看著這張照片，我的心裡浮現了儒教的經書《大學》裡收錄的「慎獨」兩字。

意思是「即使在沒人看著的時候，也要保持內心端正，摒除雜念，謹慎守禮」。在接任日本武士隊監督以前，我就很重視這句話。

向年輕投手們提供建議的翔平，完全散發著「慎獨」的精神。

確乎不拔之志

在發表先發名單前，有些事情得跟選手們交代清楚。

我說：「為了戰勝這支強大的美國隊，所以讓大家齊聚一堂。只要能夠發揮一如往常的實力，就是我們比較厲害。」

接著進行練習，在快開賽前請翔平說說話。於是他就說出了那段讓日本武士隊的所有球迷，都耳熟能詳的經典發言：

「我就只提一點，讓我們放下憧憬吧。一壘有保羅・高施密特，看向中外野有麥可・楚奧特，外野還有穆奇・貝茲（Mookie Betts），只要是打棒球的人，都曾聽聞過這些選手的大名，但唯有今天，若是憧憬他們的話，就無法超越了。我們今天是為了超越他們，站上顛峰而來，就今天一天，讓我們放下對他們的憧憬，只想著勝利吧。好，上吧！」

其實在比賽前，曾經有段插曲。

當時翻譯水原一平抱著差不多三打的球，經過總教練室門前，我目光瞄到他來來回回，懷中盡是麥克・楚奧特的簽名球。楚奧特和翔平是天使隊的隊友，和一平也認識，所以才聽說是跑去要了簽名球。

因為這段插曲，翔平才會有「放下憧憬」的發言吧。

《易經》裡曾教導「確乎不拔」這個道理。表示要讓自我意志和精神能夠沉穩，遇到任何事情都能不動如山。

即使眼前是美國這般強大的敵人，也不畏懼、不膽怯、不退縮、不猶豫，敢然地正面迎戰。翔平的一席話，喚醒了可說是日本武士隊原點的靈魂。

被派任困難的任務，或和強大的隊伍交手時，會感到肩上扛著重壓，心情受到影響。正是在這樣的關頭，可以試著保持「確乎不拔」。

《易經》是距今三千年前就創造的思想。既然能夠長遠繼承下來，肯定拯救過許多人，帶給他們勇氣。絕對也能為你帶來幫助的。

好，上吧！

在大賽來臨之前，先舉行了入場儀式。日本武士隊從球場左外野，美國隊從右外野出發，分別朝著本壘方向前進。

走出場前還有一點時間。掌旗手翔平站第一個，接下來按照打序排列，所以和他排一起的是努特巴爾。

他們兩個似乎很開心地聊著什麼。

這場比賽可說是世紀等級的大場面，會緊張過度也不足為奇。然而，無論是翔平、努特巴爾，還是其他選手們，似乎都難掩興奮之情。一個個雀躍感都洋溢而出，想著終於要來打倒美國了。

他們就是想要追尋一場緊張刺激的勝負，才會投入在棒球中吧。有這些可靠的選手們，讓我自己也充滿期待。我拿出手機，說：「翔平，來拍張照吧！」

平常我絕對不會做這種事情。雖然要徹底排除可能讓選手產生反效果的言行，但他們展露了不管遇上什麼事，都不會產生負面影響般的專注力，對接下來的勝負雀躍不已，因此判斷這時拍照也無妨，紀錄現在的表情。

由我先開口邀翔平拍照，這可是頭一遭。從北海道日本火腿鬥士隊到日本武士隊，我以總教練的身分和他相處了十二年，這或許是互動最自然的一瞬間。

兩隊入場，和美國對峙，聽著國歌。當聽到美國的國歌時，我內心的興奮也一口氣破錶了。

就是為了這樣的勝負，所以一直沉浸在棒球中。

過了六十歲，終於可以和美國認真較勁了。

感受不到壓力，只有很開心，非常開心地，想要快點開始比賽。

在比賽開打前夕，腦中沒有任何艱深的話語。在內心嶄新的一頁裡，只寫著：好，上吧。好，要上了。

當地時間三月二十一日，晚間七點二十五分。美國先攻，比賽拉開帷幕。

子絕四：毋意，毋必，毋固，毋我

如果要說美國有什麼弱點，那就是先發投手了。比起打者，他們的投手戰力雖然被評為比較差，但他們有著即使是安打好手，也無法輕易攻略的勝利組牛棚。總而言之，我們理想的比賽計畫，是先取得領先然後延續到尾盤。

先發的今永肯定被緊張感所包覆吧。即使如此，他還是投出不錯的球。雖然先解決了首棒打者，但二棒的楚奧特把球打向右外野邊線，用頭部滑壘的方式攻佔二壘。如果傳球出現瑕疵的話，他還打算往三壘衝。接著他在壘包上擺出慶祝手勢。

連像楚奧特這樣的選手都拋開面子，為團隊的勝利拼上一切，因而清楚地意識到為了這場比賽，美國注入了多少熱情。這才叫WBC的決賽，瞬間也能感受到，這場比賽可沒那麼簡單。

第一局兩隊都沒有得分，來到二局上半。一出局後，第六棒打者崔亞．特納轟出全壘打。這位在美國瀕臨危機時出手相救，狀況絕佳的游擊手讓球場為之沸騰，不過今永也就掉這麼一分。雖然他被敲兩支安打形成一、二壘有人，但沒有再多掉分數。

下個半局的攻擊，從第五棒的村上開始。他相中先發投手梅瑞爾．凱利（Merrill Kelly）的第一球，特大號全壘打飛進了中右外野的觀眾席內。

這一轟意義非凡。不只立刻扳回比數，而且還是用全壘打來追分，創造了連同力量在內，我們能和美國實力對等一決勝負的氛圍。

狀況一直不錯的岡本安打，源田也接力敲出左外野安打，再來中村選到保送，形成一出局滿壘的局面。

美國決定在這時換投，派上左投對付努特巴爾。在努特巴爾打出內野滾地球時，岡本趁機踏回本壘得分，二比一成功超前。

我們也在第三局換投，由戶鄉接替今永。雖然他解決掉二棒的楚奧特和三棒的高施密特，不過接連保送了四、五棒。兩出局一、二壘有人，狀況絕佳的特納站上打擊區。由於太想防止打序輪到他，使得戶鄉的控球微妙地亂了調。

戶鄉在此發揮了真本事。他沒有向後退縮，持續進攻下，用指叉球取得揮空三振。我也不由自主地比出了慶祝手勢。

戶鄉第四局投出三上三下，漂亮地凍結比分完成任務。下半局出現了珍貴的保險分。首棒打者岡本一棒掃過左外野大牆，這一分非常巨大，形成三比一兩分領先，迎向比賽中盤。

目前為止，選手們絲毫沒有大意。休息室裡充滿著緊張感，好的那種。

事後回顧，這時的我，或許有著《論語》中「子絕四：毋意，毋必，毋固，毋我」的心境。排除偏激的思想。不隨便去勉強選手。不執著於自己的計畫。摒除自我中心，而是根據他人心理，發揮想像力去應對。

保持專注，不放過任何一點變化，迎戰五局之後。

敢為

第五局派了高橋宏斗上投手丘。由於剛取得三比一領先，會有著不能失分的壓力。即使如此，他還是投出了精彩的內容。

他雖然壓制了貝茲，不過對方跑出內野安打。雖然一下子就堆積跑者，但接下來他對楚奧特、高施密特投出三振。不過他被第四棒的諾蘭．亞瑞納多（Nolan Arenado）敲安打，形成兩出局一、二壘有人。

面對第五棒的凱爾．舒瓦伯（Kyle Schwarber），他投成零好三壞的球數落後。希望最好不要是保送，在這次大賽裡，保送往往容易丟分。

這絕對是勝負關鍵。打者鎖定球路，強拉但是打不太到，形成一顆好球。

拜託了，要解決啊——我竟然在這裡開始祈禱了。

舒瓦伯看準時機全力揮棒。似乎看到他有點擦到球皮，打成了中外野飛球出局。高橋靠氣魄壓制住了。安然度過左右比賽的大場面，瞬間也感受到了「可以的」。

第六局由伊藤大海接手。這是既對中國、義大利之後，他的第三場登板。他的狀況相當好，這天也投出了三上三下。這是他使盡渾身解數投球所得到的成果。

六局下半兩出局後，山田、源田、中村選到保送形成滿壘。

這時三壘的亞瑞納多搖搖頭。對美國來說，或許是比賽一直處在一比三的劣勢，始終無法得分而心生焦慮，現在又自滅般地送打者上壘，忍不住覺得這樣子不行，不自覺地產生的動作吧。

雖然知道比起日本人，他們在情緒表現上本來就更直接，不過像這樣的小脾氣跑出來，反映出球隊的一體感裡出現了裂痕。

也許能行。正因如此，很希望能在這局拿到第四分。

然而，這可是明星軍團的美國。努特巴爾擊出右外野飛球出局，維持三比一進入第七局。

投手從伊藤換成大勢。他對首名打者投出保送，指叉球又被第一棒貝茲咬中。無人出局一、二壘有人，輪到楚奧特站上打擊區。這是得堅持下去的時候，大勢，加油啊！

楚奧特打出右外野飛球出局後，高施密特擊成游擊滾地球，形成六─四─三雙殺打，三出局攻守交換。休息室的所有人都大聲喝采：「太好啦！」

七局一出局後，翔平靠著內野安打上壘。然而吉田卻打出雙殺打，沒有追加保險分。

從先發的今永，到戶鄉、高橋、伊藤、大勢，五名投手接力，成功守住兩分領先，迎向了比賽尾盤。

中盤到尾盤這段過程，我的心境應該符合「敢為」這兩個字吧。不屈服於困難，堂堂正正迎向美國隊的選手們，那身姿正充滿著「敢為的氣象」。

以最能接受的形式勝利

七局下半的攻擊結束後，我通知主審進行投手更換。

「投手，達比修！」

達比修在二〇一一年季後離開日本火腿隊，展開美國大聯盟的旅程。我因為在那一年十一月才就任日本火腿隊總教練，剛好和他擦身而過。

和他一起打球，可說是我個人的悲願。能在這場最棒的比賽，如此緊張刺激的場面下，從口中說出達比修的名字，是無上的幸福。

狀況好不好什麼的，看球路大概就能夠知道。或許這不是狀況最好的達比修，但對於派他上場投球這件事，我沒有一絲猶豫。我們這支隊伍能夠一路披荊斬棘，都是多虧了達比修。甚至可以說這支球隊，就是達比修的球隊。我能斷言，就算他被打爆，我也會心服口服。

他雖然解決了首名打者，但接下來被舒瓦伯轟了一發全壘打。三比二，一分差。球場裡的氣氛異常緊繃，令人毛骨聳然。美國的威壓感，也明顯比過往更加重了不少。

接下來特納打出安打，追平分站上壘包。若是普通投手，這時肯定就想逃避了。但即使如此，他還是解決了後續打者。達比修守住了三比二的領先退場。他究竟承受了多大的壓力呢？雖然能夠想像，但是無法體會。

以在地時間換算，八強賽對義大利時是三月十五日，這一天是二十一日。達比修雖然曾說：「考慮到移動的日程，從對上義大利到決賽之間，感覺大概間隔三天半吧。」即使如此，他還是願意站上投手丘。這一局投的十八球，達比修毫不保留地，完全注入了他現在能夠使得出的投球術、節奏、玩球方法等等。

即使為了球隊第一，沒辦法將自我狀況調整到位，但卻能在如此重壓之下，得以渡過危機。雖然掉了一分，但還是能感受到達比修的厲害之處。

日本武士隊在歷來的WBC裡，留下許多經典場面。我們雖然也創造了幾幕精彩鏡頭，但是對我們，對球迷的各位而言，由達比修和翔平來替決賽收尾，絕對是最能接受的形式。再加上勝利果實，我認為這場美日之戰，將於青史留名。

盡己

八局下半的攻擊，兩出局後山田保送上壘。接著山田盜壘成功進佔二壘，打者源田擊出三壘滾地球。源田雖然出局，但因為時間點有些微妙，因而請求重播輔助判決。

有人說這是為了九局登板的翔平，因此爭取時間。老實講並非如此。因為從休息區方向視角，某些東西其實看不太到。

這是必須搶一分是一分的比賽。如果有安全上壘的可能，就不能不要求重播輔助判決。如果沒有每一個人都盡心盡力，那麼勝利的女神，不，棒球之神絕對不會讓我們獲勝的。

我去要求重播輔助判決這件事，反而可能打亂翔平的節奏。我看到他準備踏出牛棚的步伐，瞬間又停了下來。我在心中向翔平賠罪，不過，我覺得他會瞭解這是我應盡的責任。

爭取改判失敗，第八局的攻擊結束。

我通知主審。

「投手，大谷。」

翔平站上投手丘的瞬間，也解除了指定打擊身分。如果讓他去鎮守其他位置，就能夠繼續站上打擊區，但就是不能又投又打。為了精準規劃他的投球時機，最理想的莫過於若是後援成功，就拿下世界第一的情況了。雖然是一分差的嚴苛局面，但總算保持領先交給他了。

好，翔平，拜託了！

他過去兩次登板，並沒有和捕手中村悠平搭檔過。雖然他說只要確認好暗號就沒問題，不過因為從第五局開始，都是每個投手接力登板一局，所以沒辦法空出那麼做的時間。

即使如此，翔平還是會以現有條件奮戰到底。我一點都不擔心。如果有什麼需要提防的，就是保送。雖然這時的翔平最能夠回應期待，不過他在日本火腿時，曾經有過控制不住情緒，用力過猛的時候。

所謂總教練，就是得一直預估好最差的狀況。正因如此，雖然擔心保送，但我們是來美國打倒美國隊的。在這個場面下，該拿出的不是「擔心」，而是「信賴」。能不能徹頭徹尾地去相信他。

如果比分被追上，就可能輪到吉田打擊。但這時換下他，原中外野手努特巴爾移防吉田的左外野，中外野換上牧原接替強化守備。努特巴爾雖然從第一輪賽事起，就都是擔任中外野手，但他打包票：「左外野也沒問題，交給我吧！」信心滿滿地上去守備了。

不考慮九局下半的攻擊，而是要在九上結束一切。正是在大場面中，即使背負著風險，方針也要明確。如果隨隨便便擬定模稜兩可、半調子的計畫，就不會獲得成果。這是我自己的經驗談。

站上投手丘的翔平繃緊神經，表情很不錯。投出來的球也相當理想。

然而，他保送了首棒打者。最後一球從休息室來看是好球才對。翔平的表情沒鬆動，和下一棒貝茲對決。他是最能在關鍵時刻一決勝負的選手。

腦中閃過遭到貝茲痛擊的畫面。為了要驅趕這個畫面，心中吶喊「沒事的，翔平」的瞬間，二壘滾地球出現了。如同教科書般的四—六—三雙殺守備，形成了兩出局。

好樣的！就在這麼暗自讚嘆的剎那，看到了楚奧特走向了打擊區。

同為天使隊隊友的翔平和楚奧特，在WBC要對決了。而且，還是決賽，三比二、九局上半兩出局。

能夠營造出這般場面的，也只有棒球之神了。

五年前，在相信他能夠成為世界第一的選手下，將翔平送到了美國大聯盟。為了在他編織的故事中來個精彩高潮，才會特別準備了這個大場面吧。

在一月六日先行公布十二人名單的記者會中，翔平也一同出席。他表明：「目標只有勝利」，話語中不斷重複這點。他自己如此強烈的意志，也有向我宣示的意思在。

總教練，你都懂吧，目標是成為世界第一喔，我是認真的喔。

彷彿感到翔平這麼說。

正因如此，全世界棒球迷關注的天下第一人世紀對決，我確信翔平能夠戰勝楚奧特。球數來到兩好三壞，翔平投出第六球。我只看到楚奧特揮棒了。像每次期盼揮空三振一樣，我脫口而出：拜託出棒！快揮！揮出去！

然後——楚奧特的棒子揮到了空氣。

比賽結束！

世界第一！

「太棒啦！」我這麼大叫出聲。再來就，彷彿作夢一樣。尋遍記憶的每個角落，都好像有模模糊糊的地方。

唯一記得的，是選手和全體工作人員的笑容。這群最棒的伙伴們，渾身的歡喜之情完全爆發。大家簡直像橫衝直撞似地抱在一團。

靠著選手與所有人的幫忙，自己總算是圓滿達成任務了。如果要說明這個瞬間是什麼心情，或許就是「盡己」這個詞的境地。

和「盡人事聽天命」稍微不同，而是將眼前所有發生的事情，都當成是自己的責任。即使一分一毫也不要不捨得，自己能做的事都通通去做。比起等待天命，還有為了讓大家開心，不斷去努力的意思，相較起來更有積極性。

當然，其中還有熱情、真心、替人著想的思慮。不為利己而為利他，可以說正是懷抱著這樣的心，才能夠完成大目標。

無私道

日本武士隊為何能夠獲勝呢？至今為止，我被問了無數次這個問題。因為想要奪回睽違十四年的世界冠軍，我將這點列為勝因之一。然而，無論哪場比賽都不輕鬆。特別是四強和決賽，真的是「紙一重」*——勝敗之間差距只有一張薄紙的感覺。

正因為是追求結果的大賽，所以過程果然還是很重要。在過程中堅持不懈，才能創造出戲劇張力，綻放其獨一無二的美麗光彩。

人是為了什麼而活呢？有些人會說「為了讓其他人開心」。我認為正是如此。

日本棒球開始興盛的昭和初期，就曾告訴我們競技的本質。

無私道。

捨棄自我，在為了球隊、為了隊友的這條路上窮盡一切。學習到身而為人的重要事物，並將之切身記憶，教導、傳播，這正是棒球之所以能夠長時間受到喜愛，帶給許多人感動的原因。

身為日本武士隊成員奮戰的選手們，不惜放下尊嚴，為了日本棒球賭上所有。他們就像想拼上甲子園的球兒們一樣認真，一樣謙虛，並且韌性十足。為了喜歡的事情全心投入，這樣的姿態，價值無可計量，能夠撼動人心，帶來感動。和他們一起度過的這一個多月日子裡，讓我感受到身而為人的高尚情操。

對上墨西哥的準決賽，當七局追到三比三後，八局又突然失掉兩分。雖然氣勢遭到重創，但休息室裡面對選手們的翔平，卻沒有讓人感受到一絲不安。他激勵大家：「來吧，好戲現在才要開始不是嗎？」提振了隊友士氣。

＊日文慣用語，比喻幾乎相差無幾，如同只有一紙之隔。

困難越是艱鉅，克服時的喜悅越是巨大。來吧，開朗且勇敢地，迎上前打倒挑戰。日本武士隊的選手們貫徹了這個精神。

人生不會只是一帆風順。煩悶、痛苦的時候該如何承受，該如何面對呢？看著日本武士隊在WBC的奮戰，他們的生存之道就是解答。正因如此，他們才能夠撼動許多人的內心。

我自己連續做了好幾次困難的抉擇。即使想要找出最佳解，但任何決定都包含著正面與反面要素。如果只照著表象看到的事實去判斷，就容易產生負面效應，讓團隊蒙受損失。

在眼前複數個選項中，該如何做出選擇呢？被逼著思考時，會不由自主地引導向日常的為人處事。小時候，爺爺奶奶和爸爸媽媽都教導過，那個身而為人的指標——正直地活著。不能說謊。不要給人添麻煩。別忘記感恩的心活著。看到地上有垃圾要撿起來。從這微小的動作，漸漸地讓自己在生活中變得越來越貼心，自然會引導至自我應該追尋的方向。

就在奪冠後享受香檳浴，到記者會通通結束之時，翔平來到了總教練室。

「總教練，一起拍照吧。」

和他離開日本火腿時一樣。兩人一同拍了照。

我們之間並不是有話就聊的關係。然而，或許在彼此內心中，都能感到心意相通。即使不訴諸詞彙，心中微小的溫暖也在慢慢擴散。

他肯定也覺得：「這真是最棒的一刻！」我則想著：「以前就想來一場這樣的戰鬥了。」

拍完照後，我跟翔平這麼說：

「這是我最後一次穿上球衣了，所以真的非常謝謝你。謝謝。」

翔平露出有點驚訝的表情，接著浮現惡作劇般地笑容。

欸，你在說什麼啊？三年後再來一次不行嗎——雖然他對我這麼說，但我只是默默微笑回應。

以翔平為首的日本武士隊選手們，往後也將追尋「新的什麼」而自我磨練。雖然這是一條艱辛的道路，但為了超喜歡的棒球，能夠全心全意地投入，這件事可讓人非常羨慕，非常耀眼動人。

代替沒有回應翔平的，我改從心中對他送上祝福。

翔平，你那沒有人走過的旅程，從明天起正要開始。

你和自己的勝負，往後還要繼續下去。

現在才要開始喔！

結語

日本武士隊總教練的任期，到二〇二三年五月三十一日正式屆滿。雖然大谷翔平跟我說：「下次WBC再來吧。」不過那是他表達慰勞和顧慮的措辭吧。有資格擔任日本武士隊監督的人，日本棒球界裡有好幾位。關於退任這件事，我沒有半點眷戀。

在六月二日總教練卸任的記者會，我告訴大家：「有兩、三件想做的事。」我考慮不是站在總教練的立場，而是想以更寬廣的角度，替棒球界做出貢獻。

之所以會這麼打算，有幾個因素。

新冠肺炎疫情在全世界蔓延時，我的心中有許多想法來來去去。當時我擔任日本北海道火腿鬥士隊總教練，遵從政府的方針，階段性地重啟職棒賽事。然而，若是我們之中誰確診了，會給已經忙不過來的醫療從業人員，帶來更大的負擔。「繼續讓我們打球真的好嗎？」這個想法，無論是在當日本火腿隊總教練，還是接任日本武士隊總教練時，就在心底深處揮之不去。

在WBC征戰告終的此刻，內心裡總算露出了一絲曙光。

日本的大家如此團結一心，因勝利而喜悅、綻放笑容、變得更有精神地，更能努力地去投入工作、課業、家事和養育兒女。二〇一九年的世界盃橄欖球賽，以及二〇二二年的世界盃足球賽也是如此。能讓這麼多人一心同體，可以感受到體育帶來的巨大能量。

體育能讓人注入元氣，能讓內心的荒野百花齊放。不只不可或缺，且正因如此，在場上的我們，都應該在每一分一秒的瞬間拼盡全力。

昭和時代大放異彩的網球漫畫傑作《網球甜心》*，裡頭能找到所有球類競技、所有體育都共通的心態。日本網球界的先驅者福田雅之助，曾在「庭球規」†裡記載：

結語

「將這一球視為獨一無二
如此一來，必須凝聚身心全力一擊
並為了這一球一擊必須打磨技術、鍛鍊體力
培養精神力
必須在這一擊徹底發揮自我
這就是所謂的庭球之心」

少年時代接觸到這段話的我，就依此投入了棒球中。任何一球都是獨一無二，浪費不得，這個精神和被稱作「學生野球之父」的飛田穗洲先生，所留下的「一球入魂」態度相通。

---

* 作品日文標題為「エースをねらえ！」，直譯為「目標是王牌！」。
† 「庭球」為網球的日文漢字。

不去談及技術、戰術、訓練理論。「一球入魂」難道是陳腐的精神論嗎？不，日本武士隊就證明了沒有這回事。

領著高額薪資的選手們，用不受污染的潔白之心，投球、打擊、奔跑著。摒除人慾，保持謙虛和努力，就會有貴人相助。即使在困難之中，也能夠找到機會，打開破口——日本武士隊讓我們見到了身而為人，放諸四海皆準的普世價值。

在我小的時候，整個地方都有著要一起養育在地孩子的心。不只是雙親或者祖父母這些家人，而是朋友的雙親或左右鄰居，所有人都打過照面彼此相識。惡作劇的話就會惹人生氣，玩到太晚就會被說「早點回去」，和朋友們吵架了會被問「發生了什麼事」，大家都會顧慮我。大家都會稱讚我、責備我。

接下來怎麼樣了呢？到了二〇二三年的日本，聽說曾有在公園大聲喧嘩的孩子，惹得大人們不高興。儘管我覺得會一邊玩鬧，一邊大聲喧嘩，本來就是孩子們原來的樣子……

結語

我當然理解這是社會的變遷。光是針對孩子們的犯罪與日遽增，讓人想跟孩子說說話，都變得益發困難。而且還要多注意，避免出現疑似霸凌的言行。雖然我很瞭解個人尊嚴的重要性，但我們都是無法獨自生存的人。而且，還有家人、朋友和鄰居，為了共處，必須保持替人著想的心。

要是日本人繼承的重要事物，不幸失傳的話該怎麼辦。必須再一次醒悟，瞭解到當今成年人身負什麼責任。

而這最初的一步，希望能夠從保重自己開始。

地球上存在著各式各樣的生命體，從中身而為人來到世上，可說是一個奇蹟。希望能夠更珍視這個奇蹟。

如果能夠珍重「自己」這個人類，或許就能夠用相同的態度，也去重視這個人、那個人、第一次見到的人、擦肩而過的人等其他人類。我也從棒球裡學到了這點。

好比說，兩出局滿壘兩好三壞滿球數。場上的投手就算有五種球路，但在這種局面下，會拿出來投的只有一、兩種而已。如果不能做到這種程度的理解，就沒辦法留下成果。

對手有什麼感覺，他在思考什麼。在爭奪分數的個人競技裡，同時也在互相揣摩心理層面吧。像這樣發揮想像力去瞭解對手，正是體育賽事裡追求的事物。

不管是棒球、足球、籃球、衝浪還是滑板，只要是體育都好。只要動動身體，動動心思，就能和隊友們一同集結力量、互相勉勵、互相競爭、互相誇獎，紮實地感受到活在當下。更能夠體會到彼此相互扶持的可貴。

我想透過棒球、運動，帶來一個處處是笑容的社會。想替孩子們打造一個美好的未來。這就是我的目標之一。

《易經》裡曾教導「中孚」這件事。在內心的核心處，棲宿著真心，指稱誠懇至極的狀態。

我在這本書裡介紹的話語，其實都是很好理解的道理。或許大家在無意識中，早已實踐了一部分吧。

結語

將言語化為自身的血肉，不需要什麼特殊才能。

不需要跑得快、跑得遠、飛得高、成為世界級的企業、達到東大生水準的學歷之類。而是從和家人共度的日常生活，就能了然於心的東西。

人生之中雖然有許多價值觀，也有不講理、難以接受的事情。也有殘酷的事情。然而，保持著中孚之心，就能看到彩虹。

為了能夠緊緊擁抱著渺小的喜悅。

今天的我，再次打開了空白的一頁。

最後，我記下和前作同樣的話語。

人生不全然都那麼糟。

我會一直為你的人生真心加油。

二〇二三年六月　栗山英樹

入魂31

栗山筆記2

邁向世界第一的人生智慧

栗山ノート 2 世界一への軌跡

作者　栗山英樹

譯者　科科任

堡壘文化有限公司

總編輯　簡欣彥

副總編輯　簡伯儒

責任編輯　簡伯儒

行銷企劃　游佳霓、黃怡婷

封面設計　萬勝安

內頁構成　李秀菊

出版　堡壘文化有限公司

發行　遠足文化事業股份有限公司（讀書共和國出版集團）

地址　231新北市新店區民權路108-3號8樓

電話　02-22181417　傳真　02-22188057

Email　service@bookrep.com.tw

郵撥帳號　19504465 遠足文化事業股份有限公司

客服專線　0800-221-029

網址　http://www.bookrep.com.tw

法律顧問　華洋法律事務所　蘇文生律師

印製　韋懋實業有限公司

初版1刷　2024年8月

定價　新臺幣480元

ISBN　978-626-7506-08-0

國家圖書館出版品預行編目（CIP）資料

栗山筆記2：邁向世界第一的人生智慧／栗山英樹著；科科任譯.

-- 初版. -- 新北市：堡壘文化有限公司出版：遠足文化事業股份有限公司發行, 2024.08

面；　公分. --（入魂；31）

譯自：栗山ノート. 2, 世界一への軌跡

ISBN 978-626-7506-08-0（平裝）

1.CST: 成功法　2.CST: 人生哲學

177.2　　113009994